Pater Anselm Bilgri · Klaus Wilhelm Gérard
Das Kloster Andechs Fastenbuch

PATER ANSELM BILGRI · KLAUS WILHELM GÉRARD

Das Kloster Andechs Fastenbuch

AUF DER SUCHE NACH DEM WESENTLICHEN

SANKT
ULRICH
VERLAG
GmbH

Der Abdruck historischer Rezepte, Menüs und Ratschläge in diesem Buch
verfolgt den Zweck, dem Leser Dokumente der Kochkunst
und der Ansichten früherer Zeiten zu zeigen.
Weder Autoren noch Verlag sprechen damit die generelle Empfehlung aus,
diese praktisch umzusetzen. Dies geschieht auf eigene Gefahr.
Eine Garantie kann nicht übernommen werden.
Eine Haftung des Autors bzw. des Verlages und seiner Beauftragten
für Personen-, Sach- und Vermögensschäden ist ausgeschlossen.

Die Deutsche Bibliothek – CIP-Einheitsaufnahme

Bilgri, Anselm / Gérard, Klaus Wilhelm:
Das Kloster Andechs Fastenbuch : auf der Suche nach dem Wesentlichen /
Anselm Bilgri/Klaus Wilhelm Gérard. - Augsburg : Sankt-Ulrich-Verl., 2002
ISBN 3-929246-71-6

©2002 by Sankt Ulrich Verlag GmbH, Augsburg
Alle Rechte vorbehalten
Umschlaggestaltung: UV Werbung, Mediengruppe Sankt Ulrich Verlag, Augsburg
Umschlagfotos: Éditions de la Martinière, Paris, Kloster Andechs
Druck: Ludwig Auer GmbH, Donauwörth
Printed in Germany
ISBN 3-929246-71-6

Inhalt

Aus alten Kochbüchern

Fastenküche

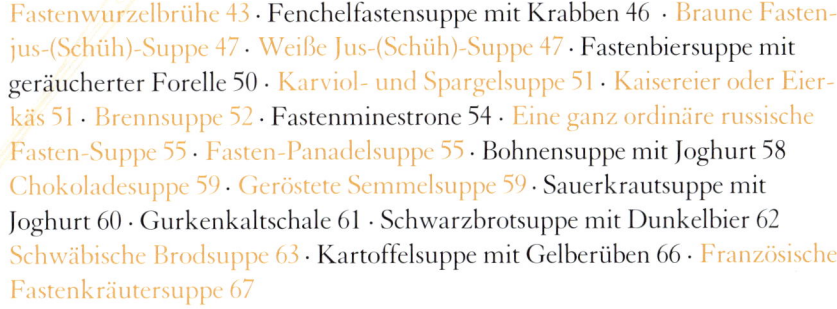
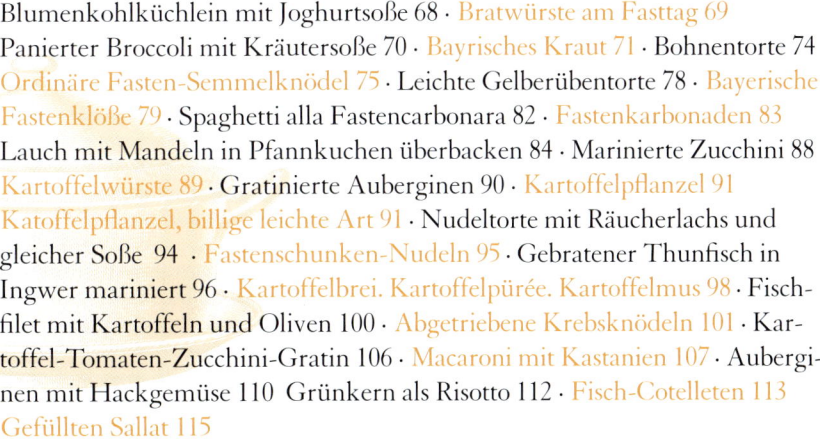

Fasten, warum und wie auch immer

Jedes Jahr im Frühjahr sind viele Illustrierte voller Vorschläge und Angebote für Kuren und Diäten. Hinweise auf die baldige textilarme oder freie Zeit am Starnberger See, an der Adria oder in der Karibik begünstigen die Bereitschaft des Lesers, teure Ratschläge, Mittelchen und Geräte zu kaufen. Der eine oder andere verliert tatsächlich ein paar Kilo, die sich aber bald wieder zurückmelden – bis zum nächsten Frühjahr.

Eine Zeit bewußten Essens und Trinkens liegt dann hinter dem Leser und Anwender, denn Menge und Art der Nahrungsmittel sind recht genau festgelegt. Damit wäre – seriöse Fastenmethode vorausgesetzt! – grundsätzlich eine gute Entwicklung eingeleitet.

In Bayern ist das Jahr geprägt vom Kirchenkalender. Katholiken, Protestanten, Menschen ohne Bekenntnis leben mehr oder weniger bewußt nach dem Kirchenjahr. Kinder muslimischer Mitbürger bekommen zu Weihnachten Geschenke; Aschermittwoch und Karfreitag ist die Musik im Radio etwas gedämpfter. Die kirchliche Fastenzeit ist im Kirchenjahr bestens plaziert: zur Erholung nach dem Fasching und zur Reinigung und Ertüchtigung von Körper und Seele vor der bevorstehenden und ersehnten Sommerzeit. Und der Fasching gipfelte doch im Faschingsdienstag, dem „fetten Dienstag", an dem die Bevölkerung vor der Fasten-

zeit nochmals so richtig fett aß und sich nochmals kurz erfreuen durfte.

Das Angebot „Fastenzeit" ist heute attraktiv. In Zeiten der Knappheit – damit war's mit den Wirtschaftswunderjahren bei uns ja vorbei – war zwischen der Fastenzeit und dem normalen Leben kaum ein Unterschied. An Freitagen gab es sowieso kein Fleisch. An den anderen Tagen wurde in normalen Haushalten nicht unbedingt weniger gegessen, vielleicht wurden die Speisen mit etwas weniger Fett und bescheidener, soweit das überhaupt möglich war, zubereitet. In gehobenen Bürgerskreisen war Lebensmittelmangel nie ein Thema und an der Menge wurde schon gar nicht gespart, wie wir an Fastenessen mit 16 oder 20 Schüsseln sehen, die in alten Kochbüchern aufgeführt werden. Selbstredend hielt man sich auch in Pfarrhöfen an die Fastenvorschriften. Hier war das Hauptmerkmal die Fleischlosigkeit: an den Quatembern – *Quattuor tempora,* den vier Fasttagen mit besonderem Gottesdienst am Mittwoch, Freitag und Samstag zu Beginn der vier Jahreszeiten, an normalen Freitagen, am Aschermittwoch und am Karfreitag gab es nur eine richtige Mahlzeit. Hochwürden mußten bei Kräften bleiben, und die „Ersatzspeisen" waren entsprechend kräftig. Oder Hochwürden gingen bei Bedarf „auf Reisen", denn dann fiel das Fastengebot weg. Auch wenn die Reise nur bis zur nächsten Wirtschaft ging.

Alte Kochbücher – wie ein Krimi

Alte Kochbücher zu sammeln ist eine ebenso schöne wie sinnvolle Beschäftigung. Neben unzähligen Rezepten finden sich seitenlange Vorworte und Erklärungen, warum der Autor es für richtig und wichtig findet, ein Kochbuch zu schreiben. Auf diesen Seiten ist oft mehr Zeitgeschichte festgehalten als in Geschichtsbüchern. Da ziehen Autoren über Kollegen her und sprechen ihnen die Kompetenz ab, da wettert einer über die immer noch teurer werdenden Lebensmittel und die faulen Dienstboten. Der Konkurrenzkampf war groß und der Markt hart umkämpft. Bei Auflagen von damals schon bis zu 100.000, ja 200.000 Exemplaren ist das auch nur zu verständlich.

Kochbücher, die in der Küche benutzt wurden, waren einem überdurchschnittlichen Verschleiß unterworfen. Deshalb sind sie heute rar, ähnlich wie antiquarische Kinderbücher. Entsprechend hoch sind die Preise und echte Schnäppchen gibt es kaum mehr. Wer aber einmal begonnen hat, in alten Kochbüchern zu schmökern, der wird nie mehr davon lassen können, er wird süchtig. Er sucht nach einem bestimmten Thema und findet auf dem Weg dorthin jede Menge anderer interessanter Dinge wie kuriose Kochvorschriften, interessante Gedanken, alte Maßeinheiten, längst vergessene Konservierungsmethoden, aber auch, wie man andere Leute bei Tisch behandelt.

Eine vollständig eingerichtete Küche aus dem Münchner Kochbuch von Therese Bruckbräu, 1893 (siehe S. 92).

Rezepte, die über 100 Jahre alt sind, können allerdings in den seltensten Fällen im Original übernommen werden. Wer mit ein bißchen Ahnung von der Kocherei alte Rezepte liest, läßt sich aber gern zum Experimentieren anregen. Oft müssen Mengen reduziert werden, denn sie sind für große Haushalte gedacht, oder müssen relativiert werden, da die Angaben ungenau sind, oder weil wir die alten Maßangaben, die meist in jedem Fürstentum oder Königreich unterschiedlich waren, nicht mehr kennen. Manche Materialien müssen durch gängige ersetzt werden, wenn wir nicht genau wissen, worum es sich handelt oder sie nach unserer Vorstellung nicht passend sind. Durch Gewürze, Salz, Zucker und Pfeffer können wir dann immer noch einen aktuellen Geschmack hintrimmen, wenn die Kochvorschrift nicht genug davon bringt oder unseren Erwartungen nicht entspricht.

Die Fastenküche findet in alten Kochbüchern einen umfangreichen Platz. Viele Titel beinhalten in der Unterzeile „für Fast- und Fleischtage". Hauptziel, aber vielfach ein Problem war, bei den eher dünnen Fastenspeisen wenigstes ein bißchen Geschmack und Kraft hineinzuzaubern. Die Maggiwürze war Ende des 19. Jahrhunderts eine wichtige Erfindung, weil sie kräftigen Geschmack in die dünnste Brühe brachte. Darüber mehr auf S. 102 f.

Wenn wir in diesem Buch Rezepte wiedergeben, so liefern diese keine komplette Fastenküche und schon gar keine Kur oder Diät. Unsere eigenen Rezepte geben Anregungen für eine leichte Küche, die auch von den Mengen her nicht üppig ist. Aber es gibt auch Rezepte aus alten Zeiten. Auf den Seiten, die rare alte Kochbücher unter dem Aspekt der Fastenküche vorstellen, illustrieren sie als Zitate die Eigenheit einer vergangenen Zeit, entsprechen aber selten

unseren heutigen Vorstellungen. Einige davon könnten zum Ausprobieren interessant sein:

– Krebswürste (S. 26 f.); man machte übrigens aus den Krebsschalen Krebsbutter, indem man erstere in einem Mörser zu Pulver zerstieß und es mit Butter verrührte.

– Romaner Brockeln (S. 27).

– Fasten-Kraftbrühe (S. 73), Fastenkräutersuppe (S. 73); mit den Suppen auf S. 43, 47, 67 Grundlage der gehobenen Fastenküche.

– Wassersuppe mit Milchrahm, Milchsuppe mit Vanille, Weiße Biersuppe, Weichselsuppe, Fasten-Frischwürste, Gefülltes Fastensauerkraut, Fastenreißwürste (S. 67 f.).

– Schühsuppe von Maggi und Domherrensuppe (S. 103); *ein* sehr einfaches und *ein* sehr aufwendiges Rezept.

– Fasten-Garbür auf italienische Art und Fastensuppe mit gefüllten Eiern à la Vénard (S. 109); zwei Rezepte aus der Haute Cuisine des „Fastens".

Haben wir Autoren aber unsere eigenen, neuen Rezepte mit alten Funden ergänzt, ist damit der Gedanke verbunden, der Leser möge sich davon inspirieren lassen. Auch das macht den Reiz des antiquarischen Kochbuchs aus, wenn sich das ein oder andere Rezept, wenn auch mit ein paar Änderungen, nachkochen läßt. So hat der Leser die einmalige Gelegenheit, der Vergangenheit bis in die Geschmacksnerven hinein nachzuspüren. Freilich sind Rahm, Eier und Gewürze häufig etwas dick aufgetragen, und auch die sonstigen Mengenangaben bedürfen der erfahrenen Hand. Doch mit etwas Phantasie werden auf diese Weise alte, für uns vielleicht zunächst ungewöhnlich anmutende Speisenkombinationen und -zubereitungsmethoden wiederentdeckt und in unsere Geschmackswelt transponiert. Zur Freude des Forschers und auch der oft glücklichen Gäste.

Ein paar Fastentips

☞ Lege für dich *ein* Fastengebot fest. Schreibe genau auf, auf was du verzichten willst und für welche Zeit.

☞ Lasse das „Zwischendurch" und „Nebenbei" beim Essen weg.

☞ Bestelle im Restaurant nur eine Vorspeise und bestelle, wenn es wirklich sein muß, erst nach deren Genuß den nächsten Gang.

☞ Ersetze Sahne und Crème fraîche mit Joghurt, wenn du selbst kochst.

☞ Laß Dich nicht beeindrucken, wenn andere mehr bestellen oder mehr essen.

☞ Wenn du alkoholfrei oder alkoholarm sein willst, stelle das Wasserglas rechts vom Wein- oder Bierglas auf. Dadurch trinkst du automatisch eher Wasser als Wein oder Bier.

☞ Wenn du in Gesellschaft bist: nippe nur von Bier oder Wein beim Anstoßen.

☞ Informiere heimlich die Bedienung oder den Ober, daß du nicht automatisch nachgeschenkt haben willst; und wenn nachgeschenkt wird, dann soll das Glas nur halb gefüllt werden.

☞ Sprich – wenn dir das hilft – mit Deinem Partner oder mit einem engen Freund oder einer engen Freundin über Dein Fastengebot; dann hast du eine eine externe Kontrolle, mache das Fasten aber sonst nicht zum Gesprächsthema.

☞ Vereinbare mit dir selbst oder mit deinem Partner oder deiner Familie für den Fall des Brechens deines Fastengebotes keine Strafe, sondern eine Belohnung für das erfolgreiche Beenden desselben.

11

Die vollständige Fastenküche von Anna Huber, 1716

Anna Huber, „seit vielen Jahren Pfarrhof-köchin", wie es auf dem Titelblatt heißt, schrieb „Die vollständige Fastenküche oder praktische Anleitung zur Bereitung von Fasten-speisen: zugleich ein Anhang zu jedem Koch-buche". Die erste Auflage erschien im Jahre 1716. Daß wir aus der „6., vermehrten und ver-besserten Auflage" von 1877 (Verlag von Alfred Coppenrath, Regensburg) zitieren, zeugt von der langen Geltung der katholischen Fastenre-geln, wie sie in folgendem Ausschnitt dargestellt werden. In weiten Zügen galten sie bis 1969.

„Fasten, (lateinisch) jejunare, französisch *jeuner,* heißt aller Speise sich eine Zeitlang enthalten, und dieses zwar aus unterschiedlichen Beweg-Ursachen:
– 1. als vornehmlich zur Buße; Wie solcherge-stalt das Ninivitische Fasten in der Heiligen Schrift bekannt ist
– Um 2. dadurch dem Magen einigen Anstand

zu geben, damit er die darin restirende Cru-ditäten desto besser verdauen könne; Also heißt es: *Multi morbi curantur media.* Viele Krankheiten werden durch Fasten und Ent-haltung von der Speise kuriert.
– Ist 3. ein gezwungenes Fasten, wann nämlich einem die benötigte Speise zur Strafe eines Verbrechens entzogen und er eine Zeitlang durch Hunger gequält wird oder sich gar zu Tode fasten muss.
– Und 4. fallen bei manchem Armen, der nicht viel zu beißen und zu brechen hat, sehr viele Fasttage auch wider seinen Willen ein.

Unter allen Fasten ist das gewöhnlichste, wel-ches der Buß- und Andachts-Bezeugung halber (damit man sich nämlich desto besser zum Gebet bereiten und einiger Meinung nach durch solch Kasteien seines Leibes ein verdienstliches Werk tun möge) geschieht, sonderlich bei den Katholi-schen als welche es nicht allein ihren beichtenden Sündern als ein Stück der Buße auflegen, son-

dern auch als ein zur Seligkeit notwendiges Werk einschärfen; Dahero auch das Übertreten vor eine Todsünde geachtet wird;

Es sind die 40 Tage vor Ostern, die Quatember, die Vigilien, welche den Apostel- und einigen andern Fest-Tagen vorgehe; das vierzigtägige Fasten vor Ostern / *Jejunium quadragesimae* genannt ist der gemeinen Meinung nach zur Ehre des Leidens unsers Herrn und Seligmachers Jesu Christi von den Aposteln selbst eingesetzt worden.

Um die Quatember oder Änderungen der vier Jahrs-Zeiten, das ist in dem März, Juni, September und Dezember, und zwar allemal an einer Mittwoch fastet man, damit bei diesem Saisonswechsel Gott gebührend angerufen werde. Hierzu kommet auch, dass solcher wegen die Kirche auch faste und bete, damit keine unwürdige oder gar schädliche Personen zu den heiligen Würden und Ämtern gelangen mögen.

Ferner ist zu merken, dass das Fasten eigentlich in dem bestehe, dass man sich gewisser Speisen enthalte, zu einer bestimmten Zeit seine Refektion oder Mahlzeit einnehme, vor solcher aber nicht das geringste genieße, auch mit derselben sich vergnüge, und weiters nur bloß bei einer kalten Collation mehrenteils von Früchten bewenden lasse. Woraus dann erhellet, dass die Freitage und Samstage in Römischen Kirchen nicht eigentlich für Fasttage zu rechnen seien, ob sie zwar insgemein so genannt werden; denn an denselben ist man weiteres nichts schuldig als Abstinenz zu machen.

Was nun die an den Fasttagen verbotene Speisen betrifft, so sind für solche nicht allein alles Fleisch der auf Erden und in der Luft sich aufhaltenden Tiere, als nämlich der Vierfüßigen und der Vögel, sondern auch das, was von fleischigen Tieren herkommt, als Eier, Milch, Butter, Käse zu zählen; Die Fische aber, ob man zwar meinen möchte, dass sie ein Fleisch an sich haben, darf man essen, denn es haben solche kein rechtes wahres Fleisch; wozu auch kommt, dass wie Gott nach dem Fall unserer ersten Eltern die Erde und was von solcher bewohnet wird verfluchet, er die Wässer und alles, was in demselben lebt, ausgenommen und wegen der Heiligen Taufe, zu der sie künftig dienen sollten als heilig ausgesetzt. Wie dann auch solcher Ursache willen der Heilige Geist im Anfang aller Dinge auf den Wassern geruhet.

Die Zeit, wann die erlaubte Mahlzeit der Refektion einzunehmen ist, hat kein Gesetz und kann nach Belieben bestimmt werden, nur dass man innerhalb 24 Stunden, das ist von einem Punkt der Mitternacht, an welchem sich der Tag anhebt, bis zu dem andern nur einmal Mahlzeit halte, die aber rechtschaffen und auch ein herrliches in Fastenspeisen bestehendes Gastmahl sein darf. Bei der Collation zu Abends genießt man angezeigter maßen der Früchte, als der Oliven, Mandeln, Feigen, Rosinen, Äpfel; Birnen; Pflaumen; Rüben; und in Spanien irgendwo der Eicheln und Boxhörner oder des Johannisbrotes und anderer dergleichen Sachen samt des trockenen Brots. Alle Arten Weines darf man sowohl bei der Refektion als Collation trinken, und dieses zur Genüge; Wie dann auch dazwischen zwar nicht zu essen, jedoch zu trinken erlaubt ist. Es handelt einer, wann er sich an einem Fasttag bezechet, zwar wider die Nüchternheit, nicht aber wider das Fasten.

Von dessen Rigor ausgenommen sind, die so das 21ste Jahr des Alters noch nicht zurücke gelegt, und die so das 60ste Jahr überschritten, indem jene wegen des Wachstums, diese wegen der Schwäche des Leibes die zum Speisen gewöhnliche Mittagsstunde oft nicht erwarten können; Gleiche Bewandtnis hat es auch mit denen Schwangern und Säugenden, welche schwere Arbeit verrichten müssen, wie auch die Bettler, als denen es oft an Speise gebricht.

So ist auch, wann man bei einer vornehmen Gastung sich befindet, nicht eben vonnöten die Unhöfflichkeit zu begehen, dass man die Speise, welche man, wann das Zeichen der zwölften Stunde gegeben wird, wirklich in dem Munde hat, ausspeien muss. Sondern man kann ohne Verletzung des Gewissens dieselbe wohl gar zu sich nehmen. Jedoch mit einem Becher Weins, den man halb ausgetrunken, hat es eine andere Beschaffenheit, und muss man solchergestalt zu trinken absetzen.

Solcher willen wird die Fasten nicht gebrochen, wann man gleich frühe in Gedanken an den Nägeln, Haaren, Schreibfedern, hartem Holz oder Tabaksblättern nage und kaut oder in ein Wasser fällt und dessen nicht wenig einschluckt, auch nicht, wann einem eine Mücke in den Hals flöge, sollte sie gleich hernach zum Elefanten geworden sein. Wurde einen von der Speise, die er des Tages vorher genossen, etwas zwischen den Zähnen hangen bleiben, und er solches hinabschlingt, so wird darum die Fasten auch nicht gebrochen, weil es als zur gestrigen Mahlzeit gerechnet wird.

Es ist auch wohl ganzen Nationen, zu Linderung der harten Fasten eine gewisse Freiheit zugestanden worden;

– Als nämlich den Deutschen, weil sie an vielen Orten des Öls, guten Obst und der Fische ermangeln und aber doch der Handarbeit sehr obliegen müssen, als ist ihnen von den Päpsten erlaubt worden, an den Fasttagen Eier, Milch, Butter, Käse und nach Gelegenheit auch etwas Speck zu essen.

– Die Spanier, weil in dem Mittel-Land fast gar keine frische Fische bei ihnen gefunden werden, mögen wohl des Sonnabends die Köpfe, Füße und Eingeweide von den Ochsen und Kälbern essen.

– In Franckreich wird an den Fasttagen ein gewisser schwarzer Vogel, zu Paris *la Macreuse*, von andern *le diable de la Mer* genannt, welcher einer Ente nicht viel ungleich ist, zu essen zugelassen, und sagt man, dass es darum geschehe, weil dieser Vogel ein gar kaltes oder vielmehr ein nach Fischtran schmeckendes Fischblut habe und auch in allen seinen Eigenschaften mit dem Fischblut übereinkomme. Um welcher willen auch denen Juden, denen doch Blut zu essen in ihrem Gesetz höchst verboten war, das Fischblut zu essen erlaubt ist.

Einige Mönchsorden, als die Kartäuser, Pauliner oder Minimi, so in Franckreich *les Bons hommes* genannt werden, und die Camaldulenser enthalten sich stets während ihrer ganzen Lebenstage des Fleischessens und die beiden letzteren noch über dieses der Lacticiorum, das ist der Milch, Butter, Käse und Eier.

Denen Kartäusern, ob zwar deren Orden für den allerschwersten gehalten wird, sind die Lacticinia erlaubt; Was aber insgesamt von ihnen ausgegeben wird, dass sie / wann der Christtag auf einem Freitag fällt, Fleisch speisen, ist eine große Unwahrheit und Unwissenheit. Wie dann auch die Kartäuser einen so großen Abscheu vor dem Fleische haben, dass sie auch in der großen Kartause zu Grenoble das Heilige Abendmahl abmalen lassen, als wann an statt des Lamms ein Fisch wäre aufgetragen worden.

Der eine fastet, um dass er krank ist, der andere fastet keiner andern Ursachen halber, als weil er zuvor so viel gegessen, dass er einen Verdruss hat über die Speisen, und weil er nicht essen kann; Andere fasten nur darum, weil sie nicht gerne den Beutel fahren noch Geld ausgeben wollen; Andere fasten nur darum eine Zeitlang, damit sie hernach desto tauglicher und bequemer sein können zum Vielfressen und Saufen. Es fasten auch die Krancken nicht darum, dass sie es gern tun, sondern zu Wiedererlangung der Gesundheit. Es fasten die Geizigen und wollen lieber dem Munde abbrechen, nur damit sie ihr zeitliches Gut vermehren können.

Fasten erhält die fünf Sinne, es bezeuget und macht das Fleisch unterwürfig dem Geist. Das Fasten macht das Herz mürbe und müde, es tötet die Brunst der Geilheit, und es zündet an das wahre Licht der Keuschheit. Das Fasten liebet nicht viel Geschwätz noch Plauderwerk, es hält den Reichtum für einen Überfluss und unnötiges Ding, es verachtet die Hoffart, liebt die Demut, und gibt den Menschen Anleitung, sich selbst zu erkennen, dass er nämlich krank, schwach und unverständig sei.

Aber es ist auch fürnehmlich zu merken, dass das Fasten nicht allein sein, sondern begleitet werden muss mit Almosengeben und mit den Werken der Barmherzigkeit. Und daher spricht der Hl. Augustinus: Liebe Brüder, das Fasten ist gut, aber besser ist das Almosengeben. Woferne einer zugleich fasten und Almosen geben kann, so ist es ein sehr gutes Werk, aber woferne er beides zugleich nicht verrichten kann, so ist es besser, dass er Almosen gebe. Hat er die Macht nicht zu fasten, so ist es genug dass er nur Almosen gebe, aber wann einer fastet und keine Almosen gibt, so ist solches Fasten unerheblich und unverdienstlich.

Woferne derowegen das Fasten begleitet wird mit den Almosengeben, mit den Werken der Barmherzigkeit und mit dem Gebet, so ist nichts gewisseres zu gewarten als die ewige Gloria."

Fasten in der Kultur- und Religionsgeschichte der Menschheit

von Pater Anselm Bilgri

Das deutsche Wort „Fasten" kommt vom gotischen *fastan* und bedeutet dort: festhalten, genau beobachten, bewahren. Der Begriff „fest" im Sinne von hart, beständig stammt aus derselben Wurzel.

Fasten ist wohl aus dem Gotischen direkt in den kirchlichen Sprachgebrauch eingegangen. Das lateinische Wort *ieiunium* kommt vom Wortstamm *ieiunus* und dessen Bedeutung leer, nüchtern, trocken, dürr, geringfügig, aber auch langweilig.

In der Kulturgeschichte erscheint das Fasten als Gegensatzerfahrung zum Feiern, die das Leben des Menschen strukturiert und das jeweils andere erst richtig erfahren und wertschätzen lehrt. Die hl. Theresia von Avila drückte das in ihrem unübertroffenen Diktum folgendermaßen aus: „Wenn Fasten dann Fasten, wenn Rebhuhn dann Rebhuhn."

Die Religionsgeschichte kennt viele Formen und Motive des Fastens. Aus kultischen oder religiösen Gründen wird ganz oder teilweise auf flüssige oder feste Nahrung verzichtet. Dabei hat das Fasten eine mehrfache Funktion:

- es kann Zeichen der Buße für begangenen Verfehlungen gegenüber der Gottheit sein,
- es stellt eine Sühneleistung anstelle einer anderen Tat oder Haltung dar,
- es unterstreicht eine Bitte an Gott,
- es dient als Opfer zur Versöhnung und Verehrung des Gottes
- und es ist Teil der Vorbereitung für magische, kultische oder religiöse Handlungen.

Fastenküche heute

So formal begrenzt die Fastenküche früher war, so frei und vielseitig kann sie heute sein. Wir sprechen in diesem Buch, das ja kein Kochbuch sein will, nicht von den verschiedenen Diätküchen, die aus gesundheitlichen oder ästhetischen Gründen angewendet werden. Letztendlich wird sich jeder selbst entscheiden müssen, was er unter aktueller Fastenküche versteht und ob er ihr frönen will.

Die Rezepte in diesem Buch sind Anregungen für eine schmackhafte und gesunde Fastenküche und wie sie aussehen kann. Es wird kein Fleisch verwendet und nur wenig tierisches Fett. Die Speisen machen in den vorgeschlagenen Mengen zwar satt, aber völlen nicht und sind leicht verdaulich. Es stellt sich nach einer gewissen Zeit wieder ein Hungergefühl ein, das aber nicht schmerzt, sondern wohlig und freudig auf die nächste Nahrungsaufnahme einstimmt und dadurch belohnt wird.

Alle Speisen sind einfach, schnell und mit ortsüblichen Zutaten zuzubereiten. Die Zutaten können jederzeit variiert oder kombiniert werden. Sie regen nicht nur vom Geschmack her den Appetit an, auch das Auge hat seinen Genuß. Dann und wann haben wir, wie schon auf S. 10 erwähnt, ein Fundstück aus einem alten Kochbuch eingebaut, von dem wir meinen, man könnte einmal probieren, das nachzukochen oder sich davon anregen zu lassen. Aber man sollte stets bedenken, daß es sich um ein Rezept handelt, das 100 Jahre alt ist oder älter.

Die eigene Fastenküche

Der Phantasie sind aber keine Grenzen gesetzt, und mit bewußt gewählten Rezepten läßt sich eine eigene Fastenküche zusammenstellen. Aschermittwoch wird mit einem Fischgericht begonnen werden, und der Fisch kann uns über die ganzen 40 Tage Fastenzeit zusammen mit viel Gemüse und Salat auf angenehmste Weise begleiten. Die freiwillige Entscheidung zu fasten und die persönliche Wahl, wie es aussehen soll, sind Grundlage für ein freudiges und sinnvolles Fasten. Neben einem guten körperlichen Wohlbefinden wird es uns auch ein Gefühl der Zufriedenheit und des Stolzes geben. Und wir werden uns auf das Fastenbrechen freuen. Das kann, frei mit sich selbst vereinbart, am Ostersamstag oder Ostersonntag oder zu sonst einem beliebigen Zeitpunkt erfolgen.

Wir werden nach den Erfahrungen in einer so gestalteten Zeit der bewußteren Speisenaufnahme auch nach dieser Zeit in ähnlicher Art essen wollen; vielleicht wieder mit etwas mehr Fleisch und tierischem Fett.

Gefahr erkannt – Gefahr gebannt

Wir bemerken in der Fastenzeit sehr schnell, daß wir beim Verspeisen auch von kleineren Portionen und sogar bei leichten Speisen schon bald keinen richtigen Hunger mehr haben. Appetit schon, aber kein wildes Hungergefühl. Und währenddessen erinnern wir uns an ein früher oft wiedergekehrtes Erlebnis: wir hatten einen Riesenhunger und waren in ein Gasthaus eingekehrt, lasen die Speisenkarte rauf und runter und konnten uns sehr schwer für ein Gericht entscheiden, da wir am liebsten alles gegessen hätten und möglichst schnell und möglichst viel davon. Also bestellen wir, die wir uns in diesem Hungergefühl befinden – vor dem Essen schon ein Stück Brot nach dem anderen mampfend – viel zu viel und bereuen nach dem zweiten der meist deftigen und umfangreichen Gänge die zu Anfang erfolgte Bestellung des nächsten Ganges oder der weiteren.

Ähnlich verhalten wir uns beim Einkauf vor dem Essen, also in hungrigem Zustand. Da we-

Dabei wird sein eigentlicher Ursprung sichtbar: Der Einfluß der Nahrung auf den Menschen ist ja jedermann einsichtig. Die unbekannten Kräfte, die im Essen und Trinken verborgen waren, konnte man durch das Fasten bannen. Es diente letztlich zur Abwehr von Dämonen.

An Formen des Fastens kommen vor:

– Das Trauerfasten: Dämonen und die Seele eines Verstorbenen werden dadurch günstig gestimmt.

– Das Reinigungsfasten: negativ oder unrein eingeschätzte Speisen werden gemieden; Ziel ist das Erlangen von Heil, von ethischen und moralischen Zielen und teilweise ekstatischer Zustände.

– Das prophetische Fasten disponiert für Offenbarungen, Auditionen und Visionen.

– Schließlich das Gemeinschaftsfasten: der Grund hierfür liegt meist in der Einzelaskese und im Fasten religiöser Führungspersönlichkeiten.

Fasten in der Bibel

von Pater Anselm Bilgri

Die Bibel schätzt die Speisen und Getränke als Geschenke Gottes. So ist in den Psalmen die Rede vom Brot, das das Menschenherz stärkt und vom Wein, der das Herz des Menschen erfreut. Fasten geschieht nicht, weil diese Gaben Gottes oder das menschliche Leben, seine Freuden und die Sinnenhaftigkeit und Leiblichkeit geringgeschätzt würden.

Fasten im Alten Testament

Im Alten Testament, dem Teil der Bibel, den wir mit der Tradition des Judentums gemeinsam haben, gibt es das Fasten als zeitweise oder teilweise Enthaltung von Speisen und Getränken vor allem aus kultischen, nicht aus gesundheitlichen Gründen. Kultische Gründe haben immer grundsätzlich mit dem Opfer im Tempel und mit der Unterscheidung von rein und unrein zu tun. Denn nur „wer reine Hände hat und ein reines Herz, darf hinaufgehen zum Tempel des Herrn" und dort sein Opfer darbringen.

Das Fasten dauerte meistens einen Tag, der am Vorabend beginnt und bis zum Einbrechen der Dunkelheit am Tag selbst andauert; aus bestimmten Gründen ist eine weitere zeitliche Ausdehnung möglich.
Die Schrift selbst gebot das Fasten zunächst nur am Versöhnungstag.
Im 16. Kapitel des 3. Buches Mose (Levitikus) wird das Ritual für dieses Fest beschrieben; der Versöhnungstag (hebr.: *Jom Kippur*) wird fünf Tage vor dem Laubhüttenfest gefeiert. An diesem Tag entsühnt der Hohepriester sich, die Priester und das ganz Volk für alle

hen uns in der Metzgerei oder in der Fleischabteilung eines Supermarktes Düfte entgegen, die unsere Magensäfte stark in Fluß bringen und uns alles aufkaufen machen wollen. Ist die Ware bei uns erst im Kühlschrank, werden wir als ordentlicher Mensch auch nichts verkommen lassen und schön brav alles aufessen. Aus dieser Erkenntnis heraus sollten wir unsere Einkaufstouren auf die Zeit nach dem Frühstück oder dem Mittagessen legen.

Geteiltes Leid ist halbes Leid

Entscheiden wir uns alleine für eine Fastenaktion, sind wir nur und nur für uns selbst verantwortlich. Wer sollte und könnte uns denn kontrollieren außer wir uns selbst? Fastet der Partner oder die Familie mit, existiert eine gute Kontrolle, die schwache Stunden zu überwinden helfen wird. Man will sich nichts nachsagen lassen und findet auf diese Weise einen Halt, die Fastenzeit durchzuhalten. Jeder vermutet vom anderen, daß er schon in seiner inneren Mitte angelangt ist und will nicht nachstehen. Der Fastenalltag, der vom Partner oder von der Familie – nach dessen oder deren freiwilliger Entscheidung – mit eingehalten wird, tut sein Übriges: Fastenabläufe und Riten sind automatisiert. Niemand wird sich gerne nachsagen lassen, er würde Vereinbarungen nicht einhalten. Der gemeinsame Verzicht verbindet wie das gemeinsame Leid und bringt allen Seiten eine neue Erfahrung. Und neuen Gesprächsstoff, denn in dieser kleinen Einheit über die Fasterei zu sprechen ist zweckmäßig und erlaubt.

Faste und sprich nicht darüber

Sind wir in „unserer" Fastenzeit eingeladen oder haben wir diesbezüglich geschäftliche Verpflichtungen, können wir mit uns und nur mit uns Dispens vereinbaren. Bei Einladungen unser Fastengebot darzulegen oder sich gar zu entschuldigen ist unnötig. Unsere freiwillige Kasteiung kann und soll unser kleines Geheimnis sein. In einem Restaurant können wir in der Speisenkarte nach unseren Vorlieben wählen. Gibt es ein festes Menü oder findet eine private Einladung statt und sind Speisen enthalten, die unserer Vorstellung vom unserem Fasten nicht entspricht, bleibt es rein unsere eigene Entscheidung, ob wir für diesen Fall das Fasten brechen oder nicht.

Die Fastenzeit wird von immer mehr Menschen zur alkoholfreien Zeit erklärt. Neben dem gesundheitlichen Aspekt beruhigt das Gefühl, sechs Wochen ohne auszukommen, ungemein. Auch hier wird die Abstinenz vereinfacht, wenn nicht darüber gesprochen wird. Es kann durchaus Wein im Glas sein. Wir stoßen an, riechen verständig und stellen das Glas wieder unbenippt zurück. Niemand hat's mitbekommen. Einzig mit dem Kellner sollten wir uns gemein machen, damit er beim Nachschenken nur das Wasserglas beglückt.

Das Fastenbrechen

Wir gewöhnen uns recht schnell an unser Fasten. Je näher wir ans Ende unserer Fastenzeit gelangen, desto kleiner erscheint uns das Opfer und wir empfinden hin und wieder ein Bedauern über das alsbaldige Ende. Die Freude auf bestimmte Speisen, bei denen es nicht nur um die Nahrungsaufnahme geht, die uns gute Gefühle geben oder erfreuliche Riten sind, wird dadurch nicht getrübt. Unsere Fastenzeit in besonderer Art zu beenden bietet sich an. Beispielsweise in der nächtlichen Ostermesse, zu welcher mir beim Abendmal das erste Mal wieder Wein trinken, wenn es auch nur wenig sein wird oder wenn auch nur die Hostie darin eingetaucht wird.

Vergehen. Nur an diesem Tag darf er das Allerheiligste des Tempels betreten. Die Bibel beschreibt den berühmten Ritus mit dem Sündenbock, dem der Hohepriester durch Handauflegung gleichsam alle Sünden Israels auflädt und diese mitsamt dem Ziegenbock aus der Mitte Israels in die Wüste vertreibt und verbannt. Heute noch im Judentum – obwohl es schon lange keinen Tempelkult und damit keinen hohepriesterlichen Dienst mehr gibt – wird der *Jom Kippur* als Großer Fasttag oder Sabbat aller Sabbate bezeichnet. Neben diesem gemeinschaftlich zu haltenden Fasttag war natürlich das freiwillige Privatfasten möglich. Es war verbunden mit verschiedenen Riten. Zum Beispiel trug der Fastende ein Bußgewand. Das Zerreißen dieses Kleides oder eines Teiles davon gehörte ebenso zu einem aufrichtigen Fasten wie das Streuen von Asche aufs eigene Haupt oder auf den Weg. Neben den Verzicht auf Speis und Trank trat auch sexuelle Enthaltsamkeit.

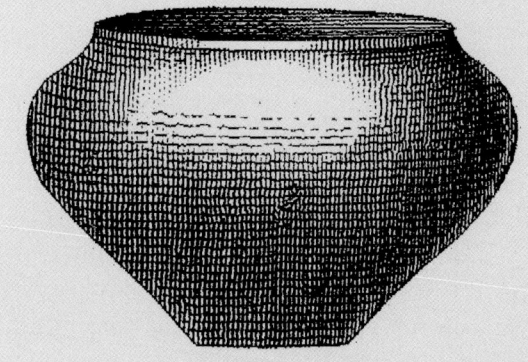

Die Exegeten, d.h. die Bibelwissenschaftler, stellen innerhalb der Heiligen Schrift eine Entwicklung des Fastenverständnisses fest. Waren es ursprünglich stark magische Vorstellungen, die versuchten, durch Fasten das Verhalten des Gottes Jahwe zu beeinflussen, so wurde das Fasten mehr und mehr Ausdruck des Bekenntnisses zu dem einen und einzigen Gott Jahwe, der eigenen Wiederzuwendung zu ihm, der sein Volk weder in der Wüste noch im Exil alleingelassen hat.

Die verschiedenen Fastenmotive finden im Alten und Neuen Testament plastische Beispiele:

– König Ahab begehrte den Weinberg seines Untertanen Nabot. Als er sich weigert, sein Eigentum dem König zu überlassen, läßt ihn Isebel, die Frau des Königs, steinigen. Da droht der Prophet Elija dem König und seinen Nachkommen mit dem Zorn Gottes. Und der König Ahab fastet, um Vergebung zu erlangen (1 Kön 21).
– Bevor Mose die beiden Tafeln mit der Bundesurkunde (die Zehn Gebote) erhielt, fastete er vierzig Tage und vierzig Nächte (Ex 34,28).
– Wegen der Krankheit seines Sohnes fastete König David sieben Tage lang (2 Sam 12, 16.22).
– Im Buch Judit wird geschildert, wie alle Israeliten, Männer, Frauen, Kinder, Tagelöhner und Sklaven durch Fasten, Anlegen der Bußgewänder und Aschestreuen aufs eigene Haupt die Katastrophe einer Eroberung durch die Assyrer abzuwenden versuchen (Jdt 4,9).
– Vor der Übernahme einer Aufgabe oder Sendung wird gefastet (Das schönste Beispiel dafür ist das 40tägige Fasten Jesu vor Beginn seiner Lehrtätigkeit: Mt 4).

Fastensalat mit Fisch und Fenchel

… man nehme:

200 Gramm Fenchel, 5 mittelgroße Radicchioblätter, 2 Tassen gekochte oder gebratene Garnelen, Krabben oder Fischstücke, 5 Eßlöffel Olivenöl, 1 Eßlöffel Zitronensaft, Salz, schwarzer Pfeffer, Parmesankäse zum Darüberhobeln.

… und dazu brauchst du:

ein Schneidebrett, eine mittelgroße Keramikform oder Porzellanplatte und einen Hobel.

… uns so geht's:

koche den Fenchel in Salzwasser gar, viertle die Knolle, schneide die Viertel in dünne Scheiben, den Radicchio in schmale Streifen und bereite daraus zusammen mit dem Olivenöl und dem Zitronensaft einen Salat, den du mit Salz und schwarzem Pfeffer abschmeckst.

… und dann:

richtest du den Salat in der Form, auf der Platte oder auf einzelne Teller an, legst die Garnelen, Krabben oder die Fischstücke darauf, träufelst noch etwas Olivenöl darüber und hobelst dünn Parmesankäse darüber.

… übrigens:

kann dieser Salat sehr gut auch zusammen mit Rucola oder nur alleine mit Rucola variiert werden.

Broccoli-Salat mit Orangen

… man nehme:

250 Gramm Broccoli, 1 Orange,
1 Eßlöffel Olivenöl, Salz, eine Messerspitze
Zucker, schwarzen Pfeffer.

… und dazu brauchst du:

ein Schneidebrett und eine mittlere
Keramikform.

… uns so geht's:

koche den Broccoli in Salzwasser und lasse ihm
noch etwas Biß. Schneide ihn in walnußgroße
oder kleinere Stücke. Von der einen Hälfte der
Orange machst du Saft, von der anderen schneidest du kleine Stücke. Vermische den Broccoli mit
den Orangen, dem Saft und dem Olivenöl, gib
wenig Salz dazu, schmecke mit Zucker ab und gib
den Salat in die Keramikform. Schließlich mahlst
du gut schwarzen Pfeffer darüber und läßt alles
etwas ziehen.

… und dann:

servierst du den Salat in der Keramikform oder als
Vorspeise auf kleinen Tellern.

… übrigens:

kann diese Vorspeise sogar einen Apéritif ersetzen, denn sie macht Appetit. Reiche Weißbrot für
die restliche Soße dazu.

Die Bibel ist das einzige Gründungsbuch einer Religion, das Selbstkritik an eigenen
Fehlformen aufgenommen hat. Die Prophe-
ten geißeln schon bald eine Veräußerlichung
des Tempelkultes und damit auch der Fastenpraxis:
- Gott achtet nicht darauf, ob jemand in
  Sack und Asche geht, sondern ob er Gerechtigkeit tut.
- Das Fasten wird dadurch nicht überflüßig,
  sondern eher radikalisiert, d.h. auf seine
  Wurzeln zurückgeführt. Fasten ist nicht
  Selbstzweck oder Mittel zum Zweck, um
  von Gott etwas zu erhalten, sondern seine
  Funktion ist es, daß der Mensch sich öffnet, hellhörig wird für den Anruf Gottes
  und der Menschen.

Deshalb hat Fasten vor allem Folgen für das
Verhalten des Menschen:
- Ungerechte Fesseln lösen,
- Unterdrückte befreien,
- Hungrige speisen
- Obdachlose aufnehmen.

Der Fresser und Säufer sieht nur sich allein.
Selbst Zylinder und Frack bewahren nicht
vor der zwischenmenschlichen Kollision.

Das neueste wohl-eingerichtete Koch-Buch von Coccejo, 1739

Biber waren eine sehr willkommene Fastenspeise. Das Tier schwamm im Wasser, also war es ein Fisch – so ordnet ihn auch Coccejo ein – und konnte in der Fastenzeit gegessen werden. Zudem war es nahrhaft, besonders im Herbst und Winter, mit seinem Fettvorrat für die kalte Zeit. Das Fleisch muß wie Kaninchen geschmeckt haben, und das Fett war zu früheren Zeit willkommen. Wir wundern uns über die oft sehr langen Zubereitungs- und Garzeiten. Das Fleisch sollte richtiggehend ausgekocht werden, war dann trocken und zäh. Für uns ungenießbar, auch wegen des tranigen Geschmacks. Wählerisch konnten die Esser aber nicht sein, waren sie doch meist froh, überhaupt irgend etwas zwischen die Zähne zu bekommen. Diese waren bei den noch jungen und leistungsfähigen, einfachen Menschen viel widerstandsfähiger und konnten viel kräftiger eingesetzt werden. Sie hatten dann wirklich lange etwas zu kauen. Gewürzt wurde immer mit vielen Zutaten und davon gab es die große Vielfalt der Natur der jeweiligen Region. Salz, Pfeffer, Safran und andere exotische Gewürze kamen von weit her und mußten sehr teuer zugekauft werden, war doch in diesen Zeiten ein erhebliches Transportrisiko vorhanden. Für diese Gewürze gab es einen großen Markt, der Kaufleute und Abenteurer immer wieder dorthin zu reisen veranlaßte, wo der Pfeffer wächst. Kräftig wurde gewürzt mit Kapern, Rosinen, Zitronenkernen, Nelken, Ingwer, Zimt, Safran, Muskat und Pfeffer; sehr lange gekocht in Erbsbrühe, mit Wein, Essig, Kirschmuß und Zucker oder Honig, mit Pfefferkuchen, Mandeln. Das mochte vom Geschmack her dem Sud eines Boeuf à la Mode geähnelt haben – und das Biberfleisch dem einer pensionierten Flugente. Eines der Biber-Rezepte endet mit: „… so gieß es also (die Brühe mit Kirschmuß) über den Fisch (= Biber oder Bieber) und streue Zucker darüber." Gesegnete Mahlzeit!

Ein wichtiger Effekt: Durch das stundenlange Kochen wurde das Fleisch jedoch entkeimt. Noch heute in südlichen Ländern, und das fängt schon Italien auf dem Land an, wird Fleisch nahezu totgegart – wohlgemerkt in der

Das neueste
wohl-eingerichtete
Koch-Buch,
In welchem zu finden,
Wie man nicht alleine allerley gute, delicate und wohlschmeckende Speisen, als Suppen, Potagen, Pasteten, Torten, Fleische mit allerley Brühen, Fische, Gebratenes, Gebackens, Salate, ꝛc. bereiten und zu Tisch tragen,
Sondern auch allerhand
Früchte einmachen, Säfte, Aquavitæ,
Biere, Eßige und dergleichen verfertigen könne,
Dem noch beygefüget
Einige Nachricht
Von ordentlicher Auftragung der Speisen auf Hochzeiten, u. s. w.
Ein nützliches
Trenchir-Büchlein,
Wie auch
Specification
Eines Küchen-Inventarii, nebst nöthigem Register ausgefertiget von
COCCEJO.
Die dritte Auflage.
Franckfurt und Leipzig,
Verlegts Johann Jacob Beumelburg, 1739.

ursprünglichen, ländlichen Küche. Zur gänzlichen Prävention wird das Fleisch noch mit Peperoncini, Piri Piri oder ähnlichen Feuerwaffen eingerieben.

Enten, Blesshühner und Schwäne zählten nicht zu den Fischen, denn sie schwammen auf dem Wasser und nicht darin, wie Fisch und Biber. In Frankreich war eine bestimmte Wildentenart sehr geschätzt, die Sarcelle, die eigenartiger Weise als kaltblütig und damit als fastenkompatibel eingestuft war.

Ein Auszug aus Coccejos Kochbuch:

Von Biber-Schwäntzen.

„Der Biber ist ein vierfüßig Thier, rauch, fast wie ein Otter, doch nicht so groß. Er lebet im Wasser, und nehret sich von Fischen, von feinen Haaren machet man die *Castor*-Hüthe, der Schwanz aber, ist ohne Haare, wie ein Stück Fleisch, einer guten Hand breit, ohngefehr drey Viertel lang, und zwey Finger dick, von Gestalt wie die Fische, so man Zungen nennet. Dieser wird für ein rar Essen gehalten, und zugerichtet, wie folget:

1. Biber-Schwantz zuzurichten.

Schneide ihn in Stücken als einen Karpfen; und siede ihn in Wasser, bis er mürbe, welches wohl gesaltzen sein muß; Altsdenn giesse das Wasser rein ab, und ein Theil Rindfleisch-Brühe, und zwey Theile Wein darauf, ein wenig geriebene Semmel, Cappern, kleine Rosinen, Kernen aus einer Zitrone, Ingber, Pfeffer und Muscatenblumen; mache es dann süsse, wie du es haben willst, laß es miteinander kochen, daß Brühe auf einer Schüssel bleibe. Oder koche ihn mit Wein und Salben, wie ein Aal. Du kanst ihn auch auf einem Rost braten, mit Salbey bestecken, und mit Butter und Pfeffer begiessen.

2. Einen grünen oder eingesaltzenen Biber-Schwantz gut zu machen.

Nimm den Biber-Schwantz und die Klauen, welches beydes Fisch-Arten sind; den Schwantz, lege auf einen Rost, und laß ihn wohl erwärmen, so gehet ihm die schwartze Haut ab, die Klauen aber brühe mit siedendem Wasser, bis die Ober-Haut abgehet, darnach siede den Schwantz und die Klauen in Wasser, ungefehr 2 Stunden, denn so kühle ihn aus, mache ihn folgends rein, schneide ihn zu Stücken, lege ihn in ein Gefäß, gieß ein Maaß Wein daran, thue ein wenig geriebenen Pfeffer-Kuchen, geschnittene Mandel-Kern, grosse oder kleine Rosinen darzu, und laß damit sieden. Darnach gieß noch ein Glas Eßig darein, saltze es recht, mache es mit Zucker oder Honig ein wenig süsse, würze es mit Ingber, Pfeffer, Zimmet, Saffran und ein wenig Nelcken, wenn es mit der Würze eine Weile gesotten hat, so richte ihn mit der Brühe an. Also kann man auch die Klauen bereiten.“

Der Biber.

Fasten im Neuen Testament

Ein eigenes und eigentliches Fastengebot ist im Neuen Testament nicht enthalten. Jesus selbst fastet, wir kennen den Evangeliumstext vom 40tägigen Fasten Jesu in der Wüste und den drei Versuchungen Satans, der jedes Jahr am Ersten Fastensonntag verlesen wird. Er empfiehlt es – ganz in der alten Tradition aller Religionen – als Mittel gegen böse Geister. Das jüdische Fastenmotiv der Vorbereitung auf eine Sendung oder einen Auftrag Gottes kehrt wieder, wenn Jesus seiner öffentlichen Lehrtätigkeit das Fasten vorausgehen läßt, bzw. wenn es als Vorbereitung der Begabung Jesu mit dem Geist Gottes dient.

Das private Fasten stellt Jesus frei; er läßt es zu mit dem Bild von den Hochzeitsgästen, die fasten sollen, wenn ihnen der Bräutigam genommen ist. Dies scheint die Praxis der ersten Christengemeinden widerzuspiegeln, die im Gegensatz zu den Jüngern Jesu, die es nicht praktizierten, das Fasten wieder hielten. Jesu Haltung ist – wie immer auf eine eigenartig paradoxe Art radikal; darin steht er in der Tradition prophetischer Kultkritik. Er selbst wird im Gegensatz zu Johannes dem

Rosenkohlsalat

… man nehme:

30 Röschen Rosenkohl, 1 Teelöffel Zitronensaft, 3 Eßlöffel Olivenöl, Salz, weißen Pfeffer, eine Messerspitze Zucker, Parmesankäse zum Darüberhobeln.

… und dazu brauchst du:

ein Schneidebrett, eine mittlere Schüssel, einen kleinen Hobel und eine mittlere Keramikform oder eine Porzellanplatte.

… und so geht's:

koche den Rosenkohl in Salzwasser gar. Löse die äußeren 5–6 größeren Blätter eines jeden Röschens, viertele das Innere und richte Blätter und Viertel in der Keramikform oder auf der Porzellanplatte an. Bereite eine Soße aus dem Zitronensaft und dem Olivenöl, träufle sie darüber, gib noch Salz und weißen Pfeffer dazu und hoble dünn Parmesankäse darüber.

… und dann:

bringst du die Platte als Vorspeise auf den Tisch oder servierst sogleich auf einzelne Teller.

… übrigens:

das ist ein sehr schöner Salat für das kalte Büffet, aber auch als Beilage zu den verschiedensten Gerichten.

Wirsingsalat

… man nehme:

1 kleinen Wirsingkopf, ¹/₂ Tasse Walnüsse,
2 kernlose Mandarinen, 5 Eßlöffel Olivenöl,
3 Eßlöffel Zitronensaft, ¹/₄ Teelöffel Zucker,
2 gehäufte Eßlöffel feingeriebenen
Parmesankäse, Salz, weißen Pfeffer.

… und dazu brauchst du:

ein Schneidebrett und eine große Salatschüssel.

… und so geht's:

entferne beim Wirsing die dunkelgrünen, äußeren
Blätter und viertle ihn. Schneide den Strunk heraus und schneide ihn in schmale Streifen, koche
ihn ca. 10 Minuten in Salzwasser und schütte das
Wasser ab. Schneide die geschälten Mandarinen
in haselnußgroße Stücke und bereite in der Salatschüssel mit ihnen eine Mischung mit den etwas
zerdrückten Walnüssen, dem Olivenöl, dem Zitronensaft, Zucker, dem feingeriebenen Parmesankäse, rühre den Wirsing unter und schmecke
mit Salz und weißem Pfeffer ab.

… und dann:

servierst du den Wirsingsalat als Vorspeise auf
Tellern oder reichst ihn zum Hauptgericht.

… übrigens:

kannst du den Wirsingsalat auch lauwarm servieren. Willst du mehr Soße dazu haben, kannst du
auch ein oder zwei Tassen Joghurt hinzufügen.

Täufer und seiner Anhängerschaft, die of-
fenbar streng fasteten, als Fresser und Säufer
tituliert. Das weist darauf hin, daß für ihn
Fasten mit innerer Freiheit verbunden sein
muß, wenn es ehrlichen Herzens getan wird.
Diese Freiheit ist Ausdruck der mit ihm an-
gebrochenen Heilszeit.

Das Fasten erscheint im Sinne des Evangeli-
ums nur wertvoll und heilsam, wenn es nicht
auf menschliches Lob aus ist, wenn es ohne
Stolz vor Gott geschieht, wenn nicht zur Un-
zeit gefastet wird.

Die ersten Christengemeinden haben offen-
sichtlich gefastet, wie der Apostelgeschichte
und den Paulusbriefen zu entnehmen ist.
Der Apostel Paulus, die einflußreichste Person des frühen Christentums, lehnt nur die
alte judaistische Unterscheidung zwischen
rein und unrein sowie gnostische Forderung
der Beobachtung von bestimmten Zeiten ab.
Seine große Erkenntnis ist, daß die Menschen in Christus zur Freiheit befreit wurden
und sich nicht wieder der alten Unfreiheit
des Gesetzes unterwerfen sollen.

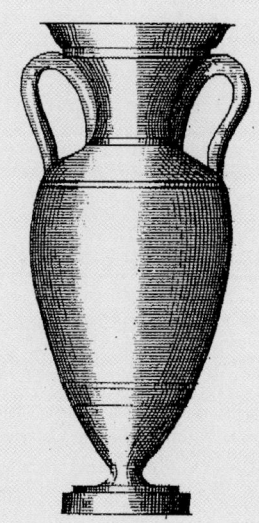

Allerneuestes Kochbuch von Jean Neubauer, 1779

Am 1. März 1774 gab zu München der Secretarius des Churfüstlichen hochlöblichen Büchercensurcollegios Wilhelm Wodizka das Signatum für die Druckfreigabe des „allerneuesten Kochbuches, welches lehret, wie man auf die allergenaueste, delicateste und gesparsamste Art arbeiten, die Speisen machen, und heutiges Tags servieren soll. Nicht minder, wie die sämmtlichen Speisen in französischer und deutscher Sprache zu benennen …"

Der Verlag des „bürgerlichen Buchhändlers Johann Nepomuk Fritz, nächst dem schönen Turm" in München gab das Kochbuch von Jean Neubauer heraus. Nach seiner vierjährigen Lehrzeit in der königlichen Hofküche in der Residenz zu München und seinem dreijährigen Aufenthalt in Frankreich, davon zwei Jahre in Paris, war der Münchner Koch Hans Neubauer zu Monsieur Jean Neubauer mutiert und hatte damit die Qualifikation, in fürstliche Dienste genommen zu werden. Somit mußte auch sein Buch diesen beruflichen Werdegang zeigen. Die Rezepte sind zwar in deutscher Sprache, die Überschriften aber in Französisch mit deutschen Untertiteln. Er führte eine Kochkunst auf, die wir heute gerne als die traditionelle feine Küche oder die *Haute Cuisine* bezeichnen.

Demzufolge sind auch die Fastenspeisen aufwendig und für unser heutiges Verständnis wenig fastenwürdig. Es wurde einfach das Fleisch weggelassen.

Als schöne, elegante Fastenspeisen kann man Krebswürste machen oder Romaner Brockeln:

Des Boudins aux Ecrevisses.
Krebswürste.

„Man nimmt nur kleine ordinäre Krebse und thut sie absieden, hernach nimm die Schweife davon, von den Schalen thust du einen Krebsbutter machen, schneide eine halbe Semmel ohne Rinden klein, und gieß einen süßen Rahm daran, laß sie eine Stunde lang weich werden, nimm nachdem die Krebsschweife, … fein geschnitten, und thu es zu der eingeweichten Semmel, wie auch ein wenig Majoran und Petersill, wie auch ein wenig Basilicum und Thymian, ein klein wenig fein geschnittenen Zwiebel im Krebsbutter passirt, und dieses alles muß sehr fein seyn, thu hernach den Krebsbutter dazu also kalter, etliche Eyerdotter, rühre dieses alles untereinander, thu ein wenig Pfeffer und Salz dazu, nachdem thu diesen Fasch in eine Wurst(haut) spritzen, und fülle die Därme damit an, mache die Würste so groß, als du sie haben willst, thu sie mit einem feinen Faden unterbinden, stelle in einen Kastrol eine Milch auf das Feuer, wenn sie heiß ist, thu die Würste hinein, laß sie stät aufkochen, hernach thu sie heraus, laß sie kalt werden, wenn du sie serviren willst, must du eine halbe Stunde vorher einen Bogen mit Krebsbutter bestreichen, dasselbe auf den Rost legen, und hernach die Würste darauf, mit einer sehr gelinden Glut schön gelb werden lassen, hernach sauber anrichten, die Schüssel aber vorher wohl heiß machen, damit die Würste recht warm bleiben, und zur Tafel serviren."

Une de Broccolis romaines.

Romaner Brockeln.

„Thu die Brockoli sauber putzen, gleichwie den Carviol, thu sie in vielem siedenden Wasser mit Salz blanchieren, aber nur ein paar Sud, thu sie gleich darnach frischiren mit frischem Wasser, thu in einen Kastrol ein Stück frischen Butter, laß ihn auf dem Feuer gelb werden, thu darein passiren fein geschnittenen Zwiebel, hernach thu die Prockoli hinein, Pfeffer und Salz, ein wenig fein geschnittenen Basilicum, setz sie auf ein stätes Feuer, und laß dünsten aber nicht zudecken, damit sie nicht gelb werden, auf solche Art werden sie lind werden, aber nicht zu stark, wenn es Zeit ist zu serviren drücke den Saft von 2 bitteren Pomeranzen hinein, schwing sie herum und thu sie anrichten in den Topf oder Schüssel, … und zur Tafel serviren."

William Hogarth, Eine moderne Mitternachtsunterhaltung, 1733.

Fasten im Überfluß

von Klaus Wilhelm Gérard

Überfluß ist sündig. In der breiten Bevölkerung herrschte in früheren Zeiten ein immerwährender Mangel an Lebensmitteln. Mit den von der Kirche erlassenen Fastengeboten, die der herrschenden und wohlhabenden Schicht durchaus gelegen kamen, konnte dieser Mangel geheiligt werden. Hungern wurde fastengerecht aufbereitet und damit annehmbar. Das gesteckte Ziel, durch Fasten Körper und Geist reinigen zu können, glorifizierte den Hunger, grenzte die Unzufriedenheit ein und machte sie berechenbar. Das Fastenopfer war Buße mit darauffolgenden Ablaß für die begangenen Sünden und zugleich eine Investition in die Zukunft, von der gesagt wurde, sie würde eine Bessere sein. Das brachte Ordnung im Land und volkswirtschaftlich nicht unerhebliche Vorteile. Rundherum für alle Beteiligten ein gutes Ergebnis?

Das war früher. Heute hungern wir in unseren Breiten nicht mehr, alles ist immer verfügbar. Das Fasten hat heutzutage keinen Einfluß auf die Ordnung im Land und auch keinen wirtschaftlichen Nutzen, abgesehen von Fastenkliniken (in denen Nichtsessen so viel kostet wie woanders die Dreisterneküche) und für Autoren und Verlage von Fasten- und Diätbüchern.

Der Hunger, der Lebenshunger bezieht sich in unserer Tagen auf Fußballergebnisse, auf die Lottozahlen, Millionenquizshows und Soapoperas. Von dieser Auslotung leben ganze Industrien, die immer wieder neue, diffuse Lebensziele erfinden und vorgeben müssen, da die soeben noch gültigen vermeintlich erreicht sind oder langweilen und damit wegfallen.

Bunter Salat mit Fisch

… man nehme:

1 kleinen Kopf Radicchio, 2 Handvoll Rucola, 2 Tassen grätenfreie, gekochte Fischstückchen oder Krabben, 5 Eßlöffel Olivenöl, 1 Messerspitze feingehackten Knoblauch, Saft ½ Zitrone, Salz, schwarzen Pfeffer, Parmesamkäse.

… und dann:

ein Schneidebrett und eine große Porzellanplatte.

… und so geht's:

wasche den Radicchio und den Rucola unter fließendem Wasser und laß beides gut abtropfen. Zerpflücke die Blätter in mittelgroße Stücke und lege sie farblich schön vermischt auf eine große Platte. Verteile die Krabben oder die Fischstücke auf dem Salat. Bereite aus dem Olivenöl, dem Knoblauch, der Zitronensaft eine Soße und schmecke sie mit Salz ab. Träufle sie über den Salat, hoble dünn Parmesan und mahle gut schwarzen Pfeffer darüber.

… und dann:

bringst du die Platte auf den Tisch oder verwendest sie für ein kaltes Büffet.

… übrigens:

kannst du diesen bunten Salat auch bereits auf Teller anrichten und als Vorspeise servieren.

Italienischer Nudelsalat

... man nehme:

250 Gramm halbbreite Eiernudeln (Tagliatelle oder Fettucine), 2 reife Tomaten, 1 gestrichenen Teelöffel Tomatenmark, 3 Eßlöffel kräftige Gemüsebrühe, 1/4 Tasse gutes Olivenöl, 1 gehäuften Teelöffel grob gehacktes Basilikum, 1 kleine Messerspitze zerdrückten Knoblauch, Salz, schwarzen Pfeffer.

... und dazu brauchst du:

einen mittelgroßen Kochtopf, ein Schneidebrett und ein scharfes Gemüsemesser.

... und so geht's:

koche die Nudeln wie üblich, schrecke sie ab und lasse sie kalt werden. Dann schneidest du die Tomaten in kleine Würfel und bereitest im benutzen Kochtopf daraus eine grobe Farce mit dem Olivenöl, der Brühe, dem Knoblauch, dem Tomatenmark und dem Basilikum. Schmecke mit Salz und gut schwarzem Pfeffer ab und rühre alles unter die Nudeln.

... und dann:

stichst du mit einer Gabel in die Nudeln, drehst ein Nest, und setzt es mittig auf jeden der vier Teller. Die im Kochtopf verbliebenen Tomaten und Basilikumreste richtest du oben auf den Nestern schön an.

... übrigens:

eignet sich dieser Salat auf für ein kaltes Büffet, wenn er auf einer großen Platte schön angerichtet wird.

Der Mensch läßt sich heute nicht mehr lange mit allzu fernen Zielen locken. Das Jenseits hat in der westlichen Welt an Attraktivität verloren. In den Big-Brother-Container zu kommen und dann die große Karriere zu machen, ein Supermodel zu werden, das sind oder sollte man besser sagen: waren Werte; denn so schnell sie geschaffen sind, werden sie schon wieder durch neue ersetzt. Wer konnte denn schon in den 50er Jahren des vorigen Jahrhunderts in die weite Welt fliegen, einen Porsche fahren oder Kaviar und Hummer essen und Champagner trinken? Heute ist Fliegen nichts Besonderes mehr, Porsches kann man leasen oder für einen Tag mieten. Kaviar und Hummer gibt es im Supermarkt. Vielleicht nicht den besten, aber der Schein ist gewahrt. Berichterstattung ist Film, Film ist Werbung, Werbung ist Reality-Show. Es lebe der Konsum!

Aus diesem „sündigen" Überfluß und einer freudlos machenden Übersättigung heraus fasten immer mehr Menschen freiwillig, nur für sich selbst, für ein ureigenes Ziel und für eine Zeitspanne, die sie sich selbst setzen. Nicht wegen oder für irgendwen oder was. Wer sich gedanklich beginnt, mit dem Fasten zu befassen, ist nicht mehr weit davon entfernt, sein eigenes Fasten zu finden, wie es auch immer aussehen möge. Freiwillig für eine begrenzte Zeit auf etwas verzichten, was einem wichtig und lieb ist; dadurch den Wert erkennen, schätzen lernen und wieder sich darauf freuen, so wie in der Zeit, in der wir es noch nicht hatten. Das kann das Auto sein, der Wein, das Bier, die Zigarette – oder der Partner. Oder das Fleisch und die üppige Mahlzeit an den kirchlichen Fasttagen.

Und die Belohnung finden wir schon im Diesseits.

Mein eigenes geprüftes Kochbuch, 1799

Als im Jahre 1799 Maria Anna Rudisch in Wien den vierten Teil ihres „eigenen geprüften Kochbuchs" herausgab, war es wichtig, eine guten Anteil an Mehl- und Fastenspeisen einzurichten. Frau Rudischs erste drei Teile ihrer Kochbuchreihe waren bereits erfolgreich vermarktet und zwar „für alle Gattungen der Stände, durchgehends neu, selbst verfaßt und in Druck herausgegeben". Wir präsentieren vier Fastenrezepte daraus:

Spanische Semmel.

„Man nimmt 2 oder 3 Semmeln, nimmt zu einer ein Seitel rothen, eigentlich spanischen Wein, man reibt die Semmeln ab, schneidet sie kreuzweis, aber nicht ganz durch, pfaizt sie recht gähe aus dem Schmalz, füllt dann Eingesottenes darein, legt sie in die Rein, und gießt den Wein darüber, zuckert sie, damit sie süß genug werden, giebt wenig Vanilyn dazu, läßt es stehen, damit die Semmeln gut anlaufen, macht unten und oben Glut, und läßt sie backen, richtet sie dann auf die Schüssel, und bestreut sie mit Zucker."

Bisgottennudeln.

„Man treibt zuerst einen guten Löffel voll Schmalz zu einem Faum ab, schlägt daran 2 ganze Eyer, und 2 Dötter ganz langsam, nicht gar ½ Seitel laulichte Milch, 2 bis 3 Löffelvoll gestossenen Zucker, von 1 Limonie klein geschnittene Schäler, und so viel Mehl, als man den Teig gut arbeiten kann, drückt dann mit dem zugehörigen Model die Nudeln aus, bestreicht das Tortenplattel mit Butter, bestreut es mit geriebenen Mundsemmelbröseln, bestreicht dann jede Nudel mit Butter, bestreut sie mit Semmelbröseln und Zucker, und leget eine neben der andern in die Tortenpfann, legt zuerst ganz wenig Glut in die Höhe, bis sie aufgehen, dann giebt man recht Glut, und läßt sie backen."

Englischer Boudin.

„Man schwellt 1 Vierting Mandeln, und stößt sie wie Mehl, schält von einer Kreutzersemmel die Rinde hinweg, trocknet sie aus, doch weicht man sie zuvor in Wasser ein, nimmt in Mörser allzeit einen Löffel Mandeln, und ein wenig solche Semmel, nebst 1 Vierting Butter, stößt es fein zusamm, stößt auch 8 Eydötter dazu, nebst 1 Vierting Zucker, giebt es dann in Weidling, schlägt von 4 Eiern die klar zum Schnee, und verrührt sie gut, schmiert dann den Melaun, füllt den Boudin hinein, und läßt ihn in Dunst sieden."

Schnepfenfasch am Fasttag.

„Man nimmt von einem Karpfen das Beischel, die halbe Milch, und was an den Därmen hängt, sammt dem Blut, läßt Butter in der Rein zergehen, hackt das Beischel, schneidet auch Limonieschäler fein darunter, und giebt es in den Butter, wie auch 2 Löffeln Milchrahm, Muskatblüh, salzt es und drückt Limoniesaft daran, läßt es einen Sud aufthun, legt in eine Schüssel gepfaizte Semmelschnitten, und gießt es darüber."

Johann Heinrich Ramberg, Lustige Gesellschaft, 1800.

Fasten in der Geschichte der Kirche

von Pater Anselm Bilgri

Da sich die junge Christengemeinde zunächst noch als Teil der jüdischen Religionsgemeinschaft verstand, übernahm sie auch deren Praxis von zwei Fasttagen in der Woche. Statt der im Judentum üblichen Tage Montag und Donnerstag fasteten die Christen aber am Mittwoch und Freitag. Der Freitag als Todestag Jesu ist nicht weiter erklärungsbedürftig, der Mittwoch findet mehrere Begründungen; für die einen fiel der Geburtstag Christi und damit der Beginn seiner Entäußerung auf einen Mittwoch, für die anderen ist er der Tag der Gefangennahme Jesu.

Mit der Entwicklung des jährlich gefeierten Osterfestes am Sonntag nach dem Frühjahrsvollmond entstand auch allmählich eine Fastenzeit vor diesem höchsten Fest der Christenheit. Im 2. Jahrhundert ist die Rede von ein bis sechs Tagen vor dem Ostersonntag, dann schon von einer ganzen Woche, in der ersten Hälfte des 4. Jahrhunderts schließlich kennt der große Kirchenlehrer Athanasius schon eine Fastenzeit von 40 Tagen.

Fenchel-Salat

... man nehme:

1 schönen Kopf Fenchel,
50 Gramm Parmesankäse,
$1/4$ Tasse feines Olivenöl,
$1/2$ gestrichenen Teelöffel Zucker,
den Saft einer halben Zitrone,
weißen Pfeffer und Salz.

... und dann brauchst du:

ein Schneidebrett, eine Käsereibe
oder Gewürzreibe, einen Hobel,
ein scharfes Gemüsemesser,
eine mittelgroße Salatschüssel
oder Keramikplatte.

... und so geht's:

du säuberst den Fenchel und schneidest vielleicht vorhandene grüne Triebe weg. Dann halbierst du ihn und schneidest quer ein bis zwei Millimeter dicke Scheiben. Reibe die Hälfte des Parmesankäses fein auf. Verrühre die Fenchelscheiben in der Salatschüssel zusammen mit dem Olivenöl, dem Zitronensaft, dem Zucker und dem fein geriebenen Parmesankäse; und schmecke mit Salz und weißem Pfeffer ab.

... und dann:

hobelst du den restlichen Parmesankäse möglichst dünn über den Salat. Wenn du keinen Hobel hast, kannst du auch ein scharfes Messer dafür verwenden.

... übrigens:

wenn du den süß-sauren Geschmack gerne hast, kannst du auch mehr Zitronensaft verwenden, mußt dann aber mit dem Zucker entsprechend abschmecken. Der Salat schmeckt übrigens am besten, wenn du ihn erst kurz vor dem Servieren zubereitest. Dann hat sich der feingeriebene Parmesankäse noch nicht zu stark mit dem Olivenöl verbunden und schmeckt besonders würzig.

Spinatpudding.

Eine starke Hand voll Spinat wird ausgelesen, rein gewaschen und in siedendem Wasser gebrüht, dann abgeseiht, abgekühlt, fest ausgedrückt und mit Petersilie, Schnittlauch und zwei Chalotten sehr fein gewiegt und mit einem Stückchen Butter abgedämpft. Hierauf reibt man von zwei Milchbroden die Rinde ab, weicht sie in Milch ein, drückt sie aus und verzupft sie. 100 Gr. Butter wird schaumig gerührt, der Spinat, das eingeweichte Milchbrod, Salz und ein wenig Muskatnuß nebst sechs bis sieben Eidotter gut hinzugerührt, dem festgeschlagenen Schnee von den Eiern darunter gezogen; in eine mit Butter bestrichene Serviette legt man zwei Finger breite Streifen von gebackenen Flädchen über's Kreuz gitterförmig, gibt die Masse hinein bindet die Serviette zu und legt sie in ein gesalzenes siedendes Wasser, worin man den Pudding eine Stunde sieden läßt. Alsdann auf eine Platte gethan und mit einer Buttersoße übergossen.

Aus: Münchner Kochbuch, 1893 (siehe S. 92).

Analog dazu entwickelt sich später mit dem Fest der Geburt Christi eine entsprechende Fastenzeit vor Weihnachten, der Advent.
Sehr früh schon gibt es – vom Neuen Testament belegt – das Fasten als Vorbereitung auf Sendung und Auftragserteilung: von der Taufe und von der Handauflegung zur Einsetzung als Presbyter oder Bischof der Gemeinde. Das Fasten vor dem Empfang der Eucharistie ist ab dem 3. Jahrhundert nachweisbar.
Auch zum Bußfasten nach Versündigung und dem damit verbundenen zeitweiligen Ausschluß aus der Gemeinde gibt es schon in frühkirchlicher Zeit detaillierte Anweisungen.

Die Kirchenväter

Auf die Frage nach den Motiven für das Fasten geben die Kirchenväter, d. h. die großen Theologen der ersten Jahrhunderte, verschiedene Antworten:
– Tertullian, ein lateinisch schreibender nordafrikanischer Theologe sieht einen engen Zusammenhang mit dem Gebet („das Gebet mit dem Fasten nähren").
– Beides wird interpretiert als Heilmittel und Mittel im Kampf mit den Dämonen. Die gesamte antike Welt war ja erfüllt von der Angst

vor diesen dem Menschen feindlich gesonnenen Geistwesen. Die Christen glaubten zwar, daß Christus sie schon besiegt habe, sie aber dennoch von ihnen bedrängt würden und im Fasten und Gebet hätten sie von ihm wirksame Mittel erhalten.

– Basilius, ein hochgebildeter Kirchenvater des Ostens, übernimmt Fastenmotive der heidnischen Umwelt, so die heilenden und medizinischen Aspekte des Fastens, die in der Heilkunst der antike einen hohen Stellenwert einnahmen.

– Im Sinne Jesu wird allerdings keine Speise prinzipiell für unrein erklärt.

Wie Jesus selbst nehmen auch die Kirchenväter eine ambivalente Haltung zum Fasten ein. Sie propagieren das Fasten, legen aber größten Wert auf die rechte innere Haltung. So schreibt Hieronymus, einer der vier lateinischen Kirchenväter: „ Du fastest und trotzdem überläßt du dich dem Zorn; der andere ißt, hat aber vielleicht dabei ein freundliches Wesen. Mit den Geistesplagen und dem leiblichen Hunger findest du dich ab; jener ißt mäßig und dankt dabei Gott. Deshalb ruft Jesaja täglich: An solchem Fasten habe ich kein Wohlgefallen, spricht der Herr."
Es fällt überhaupt auf, daß das Fasten im frühen Christentum als Gegengewicht zur heidnischen Völlerei herausgestellt wird, wenn etwa der griechische Kirchenvater Johannes Chrysostomus schreibt: „Nicht das Essen ist etwas Schädliches, das sei ferne! Aber die Genußsucht ist schädlich, wenn man sich über den Appetit hinaus anfüllt und den Bauch vor Fülle fast zerspringen macht. Das verdirbt ja sogar die Freude an der Speise. Und ebenso ist es an sich nicht etwas schlechtes, Wein mit Maß zu genießen; aber schlecht ist es, sich der Trunkenheit zu ergeben. Die Enthaltsamkeit von Speisen

Nudelsalat mit Zucchini

... man nehme:

200 Gramm gekochte Eiernudeln z. B. Tagliatelle, 1 mittelgroße Zucchini, 1 feingehackte Sardelle, 5 Blätter fein gehacktes Basilikum, 1 Messerspitze Knoblauch (zerdrückt), 1 Stamperl gutes Olivenöl, 1 Messerspitze Zucker, Salz und schwarzen Pfeffer.

... und dazu brauchst du:

ein Schneidebrett und eine mittelgroße Rührschüssel.

... und so geht's:

schneide die Zucchini in kleine Würfel, koche sie kurz in Salzwasser und verrühre sie mit der Sardelle, dem Basilikum, dem Knoblauch, dem Olivenöl, dem Zucker; und schmecke mit Salz und gut schwarzem Pfeffer ab.

... und dann:

wickelst du mit der Gabel für jede Portion ein Nest, setzt eines auf jeden Teller und gibst die restliche Soße darüber.

... übrigens:

kannst du den Nudelsalat auch lauwarm servieren und dann noch etwas Parmesankäse darüberstreuen.

Radicchio gebraten

… man nehme:

200 Gramm Radicchio, Sonnenblumenöl,
etwas Zucker, Salz, schwarzen Pfeffer,
Olivenöl, 1 Zitrone.

… und dazu brauchst du:

ein Schneidebrett, ein Salatsieb, eine große
Bratpfanne und eine große Porzellanplatte.

… und so geht's:

bereite die Salatblätter vor, indem du sie halbierst
oder viertelst , wenn sie recht groß sind. Wasche
sie unter laufendem Wasser, lasse sie gut abtropfen und streue etwas Zucker darüber, der an den
feuchten Blättern haften bleibt. Lasse das Sonnenblumenöl nicht zu heiß werden, lege nachein-
ander die Radicchioblätter kurz hinein und
wende sie. Wenn sie etwas Farbe angenommen
haben und nicht mehr knackig sind, nimmst du
sie heraus, läßt das Fett abtropfen und richtest
sie auf einer Porzellanplatte schön an. Gib etwas
Salz, gut schwarzen Pfeffer daran und träufle aus
der Zitrone etwas Saft und Olivenöl darüber.

… und dann:

bringst du den Salat möglichst lauwarm auf den
Tisch und reichst geröstetes Vollkornbrot dazu.

… übrigens:

regt der leicht bittere und süßsaure Geschmack
den Appetit an – eine angenehme Vorspreise für
mehrgängiges Essen.

und das Fasten fordert der Herr nicht um ihrer selbst willen von uns, etwa, damit wir
ohne Speise bleiben, sondern damit wir uns
von den Geschäften des Lebens loslösen und
all unsere Muße auf geistige Dinge verwenden." Sie werden nicht müde, zu betonen,
daß die Erfüllung des Liebesgebotes die
oberste Maxime christlichen Lebens zu sein
hat. Dem ordnet sich das Streben nach per-
sönlicher Vollkommenheit etwa durch Fasten unter.

Selbst Johannes Cassian, sozusagen der Pro-
pagandist der strengen mönchischen Ideale
der orientalischen Wüstenväter im Westen
des Römerreiches bemerkt dazu: „Wollte
z. B. einer bei Ankunft eines Bruders, in dem
er Christus selbst mit Liebe erquicken und
aufs wohlwollendste aufnehmen soll, lieber
die Strenge des Fastens beobachten: würde
der nicht vielmehr in die Schuld der Lieblo-
sigkeit fallen, als Lob und frommes Ver-
dienst ernten?… Auch jenen ist das Fasten
gefährlich, die dabei nach Menschenlob ha-
schen und durch eitle, prahlsüchtige Blässe
den Ruf der Heiligkeit erstreben. Sie haben,
erklärt das Wort der Schrift, ihren Lohn bereits erhalten."

In seinen Predigten über das Fasten hebt Basilius der Große die Fröhlichkeit hervor, die
den wahren gottgefälligen Faster auszeich-

nen soll. Das Fasten wird in einer schönen Metapher als Speise der Seele bezeichnet und dient zur Beherrschung der Leiblichkeit, allerdings ist es ein Mittel zur Abtötung nicht des Leibes, sondern seiner schlechten Gewohnheiten. Es erhöht aber auch den Genuß der Speisen an den Festtagen und fördert die Gesundheit.

Der Mailänder Bischof Ambrosius trägt ganz modern anmutende Gedanken vor: „Der Mensch sollte der einfachen Lebensweise und der Naturkost vor jeder anderen den Vorzug geben, denn sie ist die Speise der Mäßigkeit, jene andere die der Genußsucht und Völlerei: alle sollen sich mit der Kost aus einfachen Pflanzen und gewöhnlichem Gemüse oder Obst begnügen, wie sie die Natur darbietet, wie sie Gottes Freigebigkeit als Erstlingsspeise darreichte."

Einer der schönsten Texte stammt aus der Feder des größten der westlichen Kirchenväter und einflußreichsten Theologen, des hl. Augustinus, der nach vielfältigen verschlungenen Wegen zum Christentum fand und zu einem seiner glühendsten Verteidiger werden sollte. Augustinus freute sich unbefangen darüber, wie verschieden Worte der Heiligen Schrift ausgelegt werden können. Er meint, daß es der Fülle des göttlichen Wortes durchaus angemessen sei, daß jeder nach seiner Fassungskraft einen Aspekt der Wahrheit von ihm erfasse. Nur so werde der Reichtum der göttlichen Weisheit uns Menschen nahe gebracht. Für ihn ist es auch kein Problem, sich scheinbar widersprechende Schriftstellen über das Fasten, den Fleischgenuß und die Gaumenlust nebeneinander zu stellen und dabei die rechte Mitte und das rechte Maß auch beim Fasten zu empfehlen:

„Du hast mich belehrt, guter Vater, daß ‚den Reinen alles rein ist, aber dennoch vom Übel, wenn ein Mensch durch Essen Anstoß gibt'

Erdäpfelsalat.

Man schneide gesottene Erdäpfel (Kartoffeln) blätterig in eine Schüssel, dann Zwiebeln recht klein darunter, streue Salz und Pfeffer darein, gieße Essig und Oel daran und rühre es gut untereinander. Sodann richte man den Salat auf die zum Auftragen bestimmte Schale und trage ihn auf.

Aus: Vollständiges Bayerisches Kochbuch, 1865 (siehe S. 76).

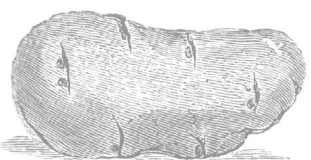

Erdäpfelsalat mit Häring.

Den Häring lege man zuvor 2 Stunden in das Wasser. Nachdem er abgehäutet und von den Gräten befreit ist, schneide man ihn in Würfel und thue solche zu den in Scheiben geschnittenen Erdäpfeln (Kartoffeln). Hierauf rühre man die Milch des Härings mit Oel und Essig recht ab, bis man eine recht schaumige Soße bekommt, gießt dieselbe dazu und vermengt Alles recht untereinander.

Aus: Vollständiges Bayerisches Kochbuch, 1865 (siehe S. 76).

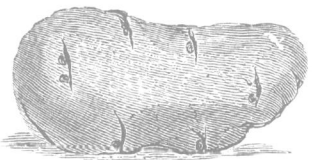

Erdäpfelsalat mit Sardellen.

Wenn die Erdäpfel (Kartoffeln) gesotten sind, werden sie auf einem flachen Teller oder auf einer passenden Schale zu dünnen Scheiben geschnitten und mit Essig, Oel und Salz angemacht. Dann schäle man ein hart gesottenes Ei ab, schneide oben ein Blättchen weg, daß man es leicht aufstellen kann; setze es mitten in die Erdäpfel, hacke ein hartes Ei sammt Dotter, Sardellen, rothe Rüben, Zwiebeln, Petersilienkraut, Brunnenkresse und Kapern, jedes besonders, streue davon um das Ei Kränze von abwechselnden Farben, oder mache andere Zierathen nach Belieben darüber.

Aus: Vollständiges Bayerisches Kochbuch, 1865 (siehe S. 76).

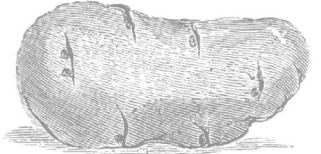

(Röm 14,20); und daß ‚Deine gesamte Schöpfung gut und nichts verwerflich ist, was man mit Danksagung entgegennimmt' (1 Tim 4,4); und daß ‚Speise uns keinen Wert vor Gott verleiht' (1 Kor 8,8); und daß ‚niemand über uns richten soll wegen Speise und Trank' (Kol 2,16); und daß ‚der, der alles ißt, den nicht verachten soll, der nicht alles ißt, und dieser wieder nicht richten soll über jenen' (Röm 14,3). Das habe ich gelernt, und Dank Dir, Preis Dir, meinem Gott, meinem Lehrer, der an mein inneres Ohr pocht, und mir das Herz erleuchtet. Mach mich frei von aller Versuchung! Was mich in Furcht setzt, ist nicht Unreinheit des Fleischgenusses, sondern die Unreinheit der Genußgier. Ich weiß, daß dem Noe jede Art von Fleisch, die zur Nahrung dienen kann, zu essen erlaubt war (Gen 9,2 f.), daß Elias an Fleischnahrung sich stärkte (3 Kön 17,6), daß Johannes, dem eine so wunderbare Enthaltungsgabe verliehen war, sich nicht verunreinigte an tierischen Wesen, an den Heuschrecken, die ihm zur Speise dienten (Mt 3,4). Aber ich weiß auch, daß Esau sich durch die Gier nach Linsenmus betören ließ (Gen 25,34), daß ein David das Gelüste nach einem Trunk Wasser sich zum Vorwurf machte (2 Kön 23,15 ff.) und daß unser König nicht mit Fleisch, sondern mit Brot versucht ward (Mt 4,3). So hat sich auch das Volk in der Wüste Strafe nicht deshalb zugezogen, weil es nach Fleisch begehrte, sondern weil es in der Begier nach Speise murrte wider den Herrn (Num 11). Solchen Versuchungen ausgesetzt, führe ich einen täglichen Kampf wider das Gelüst nach Essen und Trinken; denn hier geht es nicht, durch Willensentschluß auf einmal abzubrechen und nicht mehr darauf zurückzukommen, wie ich es beim geschlechtlichen Umgang vermochte. Also gilt es, dem Gaumen maßvoll die Zügel bald zu lockern, bald zu straffen. Und wo wäre, Herr, der Mensch, der nicht um ein kleines über die Grenzen des Notwendigen sich fortreißen ließe? Wenn es einen gibt, er ist groß, ‚groß mache er Deinen Namen' (Ps 33,4). Ich bin es nicht, denn ich bin ein sündiger Mensch (Lk 5,8)." (Aus den *Confessiones,* den „Bekenntnissen" des hl. Augustinus, nach der Übersetzung von Joseph Bernhart).

Mittelalter und Neuzeit

Im Mittelalter werden die Fastenzeiten und -tage der frühen Kirche weiterhin beachtet; allerdings wird die befreiende und heilende Wirkung immer weniger gesehen. Das Fasten wird verdinglicht und ähnlich wie andere Heilmittel der kirchlichen Praxis als heilsnotwendiges Werk angesehen. Der Theologe Burchard von Worms stellt zu Beginn des 11. Jahrhunderts die Fastenvorschriften der Kirchenväter und Konzilien zusammen und prägt den technischen Begriff der Abstinenz als Enthaltung von Fleischspeisen. Viele der zahlreichen Fastenvorschriften können ab dem Hochmittelalter durch entsprechende Erlaubnisse teilweise fast beliebig aufgeweicht oder gar aufgehoben werden, so daß die Fastenpraxis durchlöchert und obsolet wird. Während wir heute – jedenfalls im deutschsprachigen Raum – dazu neigen, kirchliche Gebote entweder strikt zu befolgen oder brüsk von uns zu weisen, ging diese Zeit stets folgsam, aber oft ungeniert schlitzohrig mit kirchlichen Weisungen um. So fand man vom Hochmittelalter an viele Wege, um sich das Fasten zu erleichtern und angenehm zu gestalten. Einige versuchen, den lieben Gott und damit sich selber zu betrügen – indem man etwa den Schinken im Brotteig versteckt, oder das

Tomaten mit Käse überbacken

... man nehme:

3 mittelgroße, feste Tomaten,
100 Gramm Mozzarella oder Schafskäse in nicht zu dünnen Scheiben, 1 feingehackte Sardelle,
1 Messerspitze Knoblauch (zerdrückt),
1 Stamperl Olivenöl, 1 gestrichenen Teelöffel gerebelten Majoran, Salz und schwarzen Pfeffer, Semmelbrösel.

... und dazu brauchst du:

ein Schneidebrett, ein kleine Rührschüssel,
eine große Rein oder Keramikform.

... und so geht's:

schneide die Tomaten in kleinfingerdicke Scheiben. Tropfe etwas Olivenöl auf den Boden der Rein oder der Keramikform und streue etwas Salz und Pfeffer darauf. Lege die Tomatenscheiben hinein, salze sie etwas. Bereite aus Olivenöl, Majoran, der Sardelle, dem Knoblauch, Salz und Pfeffer eine würzige Soße und träufle davon etwas auf jede Tomatenscheibe. Lege nun auf jede Scheibe ein Stück Käse, träufle die restliche Soße darauf und gib noch etwas schwarzen Pfeffer darüber. Backe alles im Backofen an die 10 Minuten bei 200 Grad und die letzten 2 Minuten mit starker Oberhitze, bis der Käse Farbe bekommt.

... und dann:

bringst du die Tomaten in der Rein oder der Keramikform auf den Tisch; oder du richtest sie auf Tellern schön an.

... übrigens:

kannst du beim Servieren noch etwas Parmesankäse darüberreiben.

Krabbencocktail

... man nehme:

150 Gramm beste, gekochte Krabben,
eine Handvoll Blätter vom Kopfsalat,
1 Tasse Joghurt, 4 Eßlöffel gutes Ketchup,
1/2 gestrichenen Teelöffel geriebener Meerrettich, 1 Messersp. Curry, Salz, weißen Pfeffer.

... und dazu brauchst du:

eine mittlere Rührschüssel.

... und so geht's:

bereite aus dem Joghurt, dem Ketchup, dem Meerrettich und dem Curry eine Soße, die du mit Salz und weißem Pfeffer gut abschmeckst.

... und dann:

legst du die klein gerissenen Salatblätter auf Teller oder in Cocktailschalen, richtest die Krabben darauf oder darin schön an und gibst die Soße darüber.

... übrigens:

kannst du anstatt der Krabben auch gekochte Hummer- oder andere Fischstücke verwenden. Das Ketchup kannst du mit Tomatenmark und einer Prise Zucker ersetzen.

Ferkel einfach auf den Namen „Karpfen" tauft.

Die Reformatoren (Luther, Calvin, Zwingli) reagieren auf diese sinnverzerrende Praxis mit Ablehnung des Fastens als „Werkerey".

Im Zuge des Streits zwischen Reformatoren und römischer Kirche gerät deshalb die Fastenfrage im Zusammenhang mit der Rechtfertigung allein durch den Glauben in den Mittelpunkt der Auseinandersetzung. Allerdings kommt es weder auf dem Konzil von Trient noch danach zu einer systematischen Darlegung der katholischen Fastenpraxis. Erst mit der Herausgabe des Kirchenrechtsbuches im Jahr 1917 wird die Auffassung der Kirche über das Fasten genau und rechtsverbindlich dargelegt.

Anleitung zur Kenntniß der menschlichen Speisen, 1800

Ohne Angabe des Verfassers oder unter anderen Namen erschienen im 18. Jahrhundert viele Kochbücher. Auch Brillat-Savarins „Physiologie des Geschmacks" (siehe S. 56) erschien zunächst anonym. Es war für Adelige nicht schicklich, Bücher über solche Themen zu schreiben, und der eine oder andere Autor verwendete das politisch unverdächtige Kochbuch als Plattform für seine Kritik am jeweiligen politischen System, gesellschaftlichen oder politischen Tendenzen. So finden wir in Vorworten dieser Zeit weit mehr als nur Einstimmung auf die Kocherei, sondern verstehen den darin wehenden Zeitgeist oft eher als in Geschichtsbüchern.

Ein Anonymus hat die „Anleitung zur Kenntniß der Natur und Eigenschaften der menschlichen Speisen oder Wissenschaft, durch viele Jahre dem Tode zu trotzen, und in dauerhafter Gesundheit das höchste Menschenalter zu erreichen" geschrieben. Und er unterschreibt „Ich schreibe für Menschenglück". War der Autor nun Wissenschaftler, Theologe oder Politiker – keine Bibliographie oder sonstige Hinweise geben uns Auskunft darüber. Aus dem Titelkupfer können wir die adelige Abstammung des wahrscheinlich wissenschaftlichen Autors ableiten.

Nun schreibt er nicht über die Fastenküche. Er weist darauf hin, der Mensch sollte Speisen individuell nach seinem geistigen und körperlichen Naturell zu sich nehmen. Er habe eine göttliche Verpflichtung, diejenigen Mittel zu ergreifen, durch die er seine Gesundheit und sein Leben verlängern kann. Da viele Leute nicht wissen, welche Speisen ihrem Körper gesund oder schädlich sind, habe er „diesen kleinen Unterricht niedergeschrieben".

Sein Buch beginnt mit dem Kapitel „Von den Fleischspeisen überhaupt". Fleischessen, schreibt der Anonymus, sei nicht ungesund, „sondern macht stark und leibigt." Doch dieser Einführung in die Fleischzubereitung stellt der Autor einen religionsgeschichtlichen Abschnitt voran, wie er sich bis heute in der religiösen Verbrämung des Vegetarier- und Abstinenzlertums findet:

Von den Fleischspeisen überhaupt

„Vor der Sündfluth haben die Menschen kein Fleisch, sondern nur Wurzeln, Kräuter, und die Früchten der Bäume genossen, daher sie auch über 900 Jahre lebten. Nachdem aber die Sündfluth mit ihrem gesalzenen Wasser das Erdreich und feine Früchte verdorben hatte, fiengen die Menschen allmählich Fleisch zu essen an, lebten jedoch nicht mehr so lange, als sie bevor gelebt hatten. Selbst Christus hat, wie Vinzenz Ferrerius bezeuget, die ganze Zeit, als er auf dieser Erde wandelte, nie ein Fleisch gegessen, mit Ausnahme des Osterlammes, dessen Genuß das jüdische Gesetz zur Pflicht machte."

Ob es allerdings – dies sei dieser eher märchenhaften, aber deshalb nicht ausgestorbenen Argumentation unseres Anonymus entgegengehalten – Sinn und Zweck der Evangelien ist, über Jesu Eßgewohnheiten zu berichten, wagen wir Nachgeborene zu bezweifeln. Und unsere Frage, ob der generelle Fleischverzicht uns dem Herrn näherbringe, erlauben wir mit einem Wort aus seinem Munde zu beantworten: „Nicht das, was durch den Mund in den Menschen hineinkommt, macht ihn unrein, sondern was aus dem Mund des Menschen herauskommt, das macht ihn unrein." (Mt 15,11)

Fleisch ist kein Essen wie jedes andere: In Spanien gibt es Traditionen, wer in der Familie welches Teil vom Huhn bekommt, in den USA schneidet der Vater den Truthahn am Thanksgiving Day an, und auch in Deutschland ist Grillen nach wie vor Männersache.

Fasten und Mönchtum

von Pater Anselm Bilgri

Das christliche Mönchtum hat verschiedene Wurzeln: das sind einmal die Aufrufe im Neuen Testament zur Nachfolge Jesu, die dem Jünger Entsagung um des Himmelreiches willen abverlangen und in Distanz zu dieser Welt versetzen. Dann die Philosophie der heidnischen Umwelt mit ihrem Vorrang des Geistes und der Trennung von Seele und Leib. Von hier stammt auch der Begriff Askese, d. h. Übung. Sie bedeutet Zucht des Körpers und des Geistes, mit der Zielsetzung, negative Eigenschaften zu überwinden und positive zu verstärken. Schon im Heidentum sprach man von *mortificatio*, von Abtötung, und von einer „athletischen" Übung, d. h. von Mühsal und Anstrengung. Im Christentum konnte deshalb Askese als neue Form des Martyriums verstanden werden. Sie äußert sich in Entsagung und Verzichthaltung in bezug auf Nahrung, Sexualität, Schlaf und den materiellen Bereich. Für die Mönchsväter ist das Fasten ein Hilfsmittel gegen die Leidenschaften. Von ihnen sind zum Teil beachtliche Fastenleistungen überliefert: Einige nahmen nur an zwei Tagen in der Woche oder an Samstagen und Sonntagen Nahrung zu sich und teilweise nur Kräuter und Rohkost. Der Speisezettel der Wüstenväter war traditionell karg und von den Möglichkeiten der (Halb-)Wüste geprägt, in deren Einsamkeit und Verlassenheit bei gleichzeitiger Nähe zu den Städten sie sich zurückgezogen hatten: Brot, Wasser, Salz, vor allem Hülsenfrüchte galten als die typischen Mönchsspeisen, Kräuter, Gemüse, getrocknete Beeren, Baumfrüchte wie Nüsse, Datteln und Feigen, Öl zum Zubereiten von Gemüse und Kräutern, teilweise auch Fisch.

Suppen, einfach gekocht:

Jede Gemüsebrühe …

läßt sich mit etwas Wein und Fischstückchen zu einer schmackhaften Suppe ausbauen, die immer noch ganz schlicht bleibt.

Klassische Fastensuppen …

sind auch Wurzel- oder Gemüsebrühen, in die hartgewordenes Brot oder Brezen (kannst du vorher mit Wasser aufweichen) geschnitten oder gebrockt wird.

Normale Rezepte …

lassen sich zu Rezepten von Fastensuppen ummodeln, indem du statt Sahne oder Crème fraîche Joghurt nimmst.

Fastenwurzelbrühe

In eine passende Kasserolle schneidet man in Scheiben vier gelbe Rüben, sechs Zwiebeln, drei Porree, zwei Köpfe Sellerie (zuvor alles gereinigt und gewaschen) und röstet sie mit einem Stück frischer Butter einige Zeit, bis sie eine goldgelbe Farbe haben. Hierauf gibt man vier bis sechs Handvoll dürre Erbsen und etwas Petersilie, Sauerampfer und Kerbelkraut dazu, füllt das Geschirr mit frischem Wasser auf, bringt es zum Kochen, schäumt es rein ab und läßt die Brühe langsam kochen. Nun wird die Kasserolle vom Feuer genommen und eine halbe Stunde beiseite gestellt, damit sich die Wurzeln und die Erbsen setzen können und die Brühe klar wird; man seiht sie hierauf durch ein feines Sieb in einen irdenen Topf und stellt sie bis zum weiteren Gebrauch kalt. Die Wurzelbrühe dient zur Bereitung aller Art Fastenkräuter-Suppen und dergleichen Soßen.

Aus: Neues Fasten-Kochbuch, um 1900 (siehe S. 102).

Fasten in den Kirchen des Ostens

von Pater Anselm Bilgri

Die orthodoxen und mit ihnen die katholischen Kirchen des orientalischen Ritus kennen im allgemeinen vier Fastenzeiten:
– das durch die Butterwoche vorbereitete große 40tägige Fasten mit anschließende Karwoche, also insgesamt sieben Wochen;
– das Apostelfasten mit variabler Länge (Montag der 2. Woche nach Pfingsten bis 28. Juni);
– das 40tägige Fasten vor Weihnachten (15. November bis 24. Dezember);
– das Gottesmutterfasten (1. bis 14. August). Außerdem wird gefastet an jedem Mittwoch und Freitag des Jahres mit Ausnahme der Osterzeit. Fasten bedeutet grundsätzlich Verzicht auf Fleisch samt Eiern, auf Milchprodukte, Fisch (nicht Rogen und Schalentiere), Öl und Wein mit verschiedenen Ausnahmeregelungen für die unterschiedlichen Fastenzeiten und -tage. In Klöstern wird nie Fleisch gegessen und zusätzlich montags gefastet. Eine Revision der Fastenordnung durch das geplante panorthodoxe Konzil ist vorgesehen.

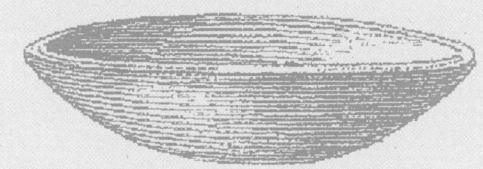

Allerneuestes Kochbuch für Fleisch- und Fasttäge, 1804

Im „Allerneuesten Kochbuch für Fleisch- und Fasttäge", das Maria Anna Bußwald im Jahre 1804 in Grätz beim Buchhändler Alois Tusch herausgegeben hat und das für die herrschaftliche und die bürgerliche Tafel praktische Anleitung geben wollte, finden wir nachstehende Zeichnung mit dem „Beyspiel einer Tafelbesetzung zu Mittag an einem Fasttag mit 16 Schüsseln (wer genau schaut, sieht sogar 17) – erster Gang, zweyter Gang".

Wahrhaft ein sehr mondänes und üppiges Menü, das mit unserer Vorstellung vom Fasten nichts zu tun hat. Bei den „Beyspielen für einen Fleischtag" sind es dann allerdings 20, 32 oder sogar 34 Schüsseln.
Die „vormahlige Köchin bey Ihrer Excellenz Rosalia Gräfin von Attems, geborne Gräfin von Leslie" teilt ihr Kochbuch auf in Fastenspeisen und Fleischspeisen. Alleine 106 Seiten mit Tafelzetteln, immer mit je neuen Fastenrezepten.

Beyspiel einer Tafelbesetzung zu Mittag an einem Fasttag mit 16 Schüsseln

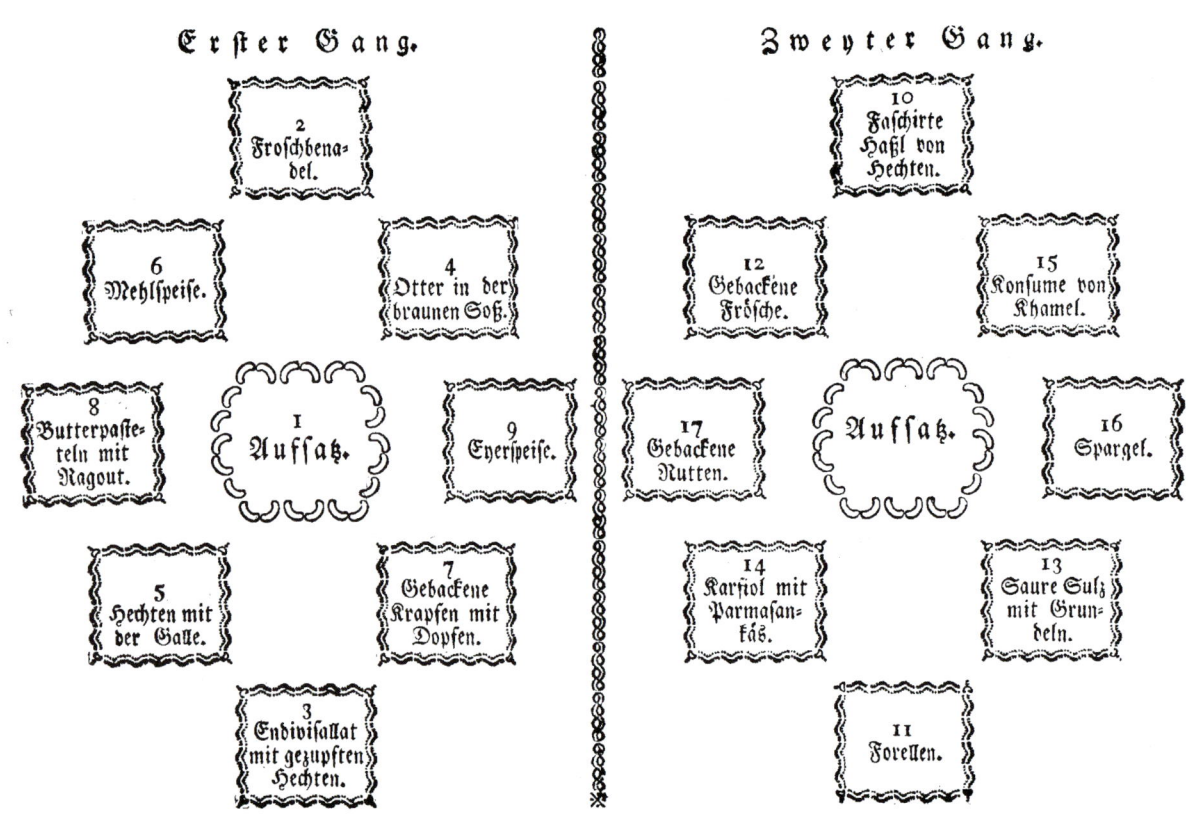

Nro. 1. Braune Oliosuppe mit Semmel.
Nro. 2. Verlorne Eyer mit Ragout.
Nro. 3. Sauerkraut mit Schnecken.
Nro. 4. Rutten mit Soß.
Nro. 5. Reispudding.
Nro. 6. Huchen mit Soß.
Nro. 7. Kleine Topfenstrudel.
Nro. 8. Blauer Karpfen.
Nro. 9. Gefäumtes Kittenkoch.

Ein „Tafelzettel" von Fastenspeisen.

Für Frau Bußwald und ihre Zeit galt der Otter als Fisch; das zweite Rezept kann man auch immer essen, aber wer will das?

Den Otter gut zu kochen.

„Zerhacke den Otter in Stücken, wasche ihn rein, und lege ihn eingesalzen in eine Pfanne, gieß Wein und Essig daran, Lorbeerblätter und Rosmarin dazu, und laß ihn so lange sieden, bis er weich wird. Mache hernach eine schön gelbe Einbrenn, gieß ein Erbsenwasser daran, säure es mit Essig und Limoniesaft, gib Capri, Butter, Limonieschalen und Milchrahm dazu; nimm Kartoffeln, sind sie in Mehl, so schneide sie nur so darein, sind es aber andere, so dünste sie, und lege sie dazu; thue den Otter, wenn er zuvor in Wein und Essig gesotten ist, in die Suppe, und laß ihn sieden; zuletzt lege Limonieblätl darauf."

Blauen Kohl mit Kastanien und Kaffee.

„Man siedet den Kohl und seichet das Wasser davon ab. In heißer Butter läßt man Schalotten anlaufen, staubt Mehl darauf, gibt den Kohl mit Kastanien dazu, zuckert ihn, gießt schwarzen Kaffee und sodann braune Suppe darüber und läßt ihn dünsten."

Fasten-Kuriositäten
von Klaus Wilhelm Gérard

Was schwimmt, hat kein Fleisch, welches das Fastengebot bricht. Also ist es erlaubt, Biber und Fischotter zu essen. Viele Rezepte dazu sind in Kochbüchern bis in das 19. Jahrhundert hinein zu finden. Heute kommt kaum einer auf die Idee, einen Biber oder Fischotter zu erlegen und zu kochen. Aber damals waren auch Schwäne, Pfauen und Fischreiher auf dem Speisezettel zu finden. Es wurde eben alles, was irgendwie genießbar war, zu Speisen verarbeitet. Wählerisch konnten die Köchinnen oder Köche in den normalen Haushalten nicht sein. Ziehen wir heute schon bei einem Hammel die Nasenflügel hoch, war zu früheren Zeiten auch ein traniger, alter Schwan willkommen, weil die Speisekammern nicht so voll waren wie heute bei uns und zudem die Konservierungsmöglichkeiten sehr beschränkt und aufwendig.

Der Fischotter.

45

Das heilige Gefühl
des Hungers
von Klaus Wilhelm Gérard

Ständige Übersättigung, überflüssige Pfunde, überforderte Leber, zu wenig Schlaf. Warum tun wir uns das an? Wenn wir satt sind und keinen Durst mehr haben, müßten wir doch zufrieden sein. Wir schwören uns, nie mehr so viel zu essen, aber am nächsten Tag ist der Schwur schon wieder vergessen. Liegt das Übel dieser Sucht, sich immer aufs Neue zuviel hineinzustopfen und hineinzuschütten (einsam vor dem Fernseher sitzende Biertrinker, Popcorn- oder Chipschlucker einmal ausgenommen) nicht an der Gesellschaft? – Gesellschaft im Sinne vom gemütlichen Beisammensein. Es gibt Menschen, die den ganzen Tag nicht rauchen; außer abends in Gesellschaft. Sogenannte Gesellschaftsraucher. Sind wir vielleicht Gesellschaftstrinker oder Gesellschaftsesser? Uns plagt nicht der Hunger, uns plagen Völlegefühl und der

Fenchelfastensuppe
mit Krabben

… man nehme:

200 Gramm Fenchel, 2 Tassen Krabben,
$^1/_2$ Liter Gemüsebrühe (auch Instantbrühe),
1 Glas Weißwein, 1 Messerspitze Curry,
Salz, weißen Pfeffer.

… und dazu brauchst du:

ein Schneidebrett, eine mittlere Bratpfanne,
einen mittleren Topf und eine Suppenterrine.

… und so geht's:

koche den Fenchel in Salzwasser gar. Viertle die Knolle und schneide die Viertel in nicht zu dünne Scheiben. Brate die Krabben fettlos in der Pfanne, bis sie etwas Farbe bekommen und gib den in Stücke geschnittenen, abgetrockneten Fenchel dazu, der auch etwas Farbe verträgt. Lösche mit dem Weißwein ab, lasse es noch etwas köcheln und gib alles in einen mittleren Topf zusammen mit der Gemüsebrühe. Schmecke mit Salz, weißem Pfeffer ab und lasse die Suppe noch etwas weiterköcheln.

… und dann:

bringst du die Suppe heiß in einer Suppenterrine auf den Tisch oder servierst einzeln in Suppentellern oder Schüsseln und reichst geröstetes Weißbrot dazu.

… übrigens:

können anstatt den Krabben durchaus auch Fischstücke verwendet werden.

Braune Fastenjus= (Schüh)=Suppe

Man dünste geputzte und klein geschnittene Petersilienwurzeln, eine gelbe Rübe, Pastinake, Sellerie und Zitronenschalen im Schmalze schön braun, lege einen guten gebackenen Fisch hinein, gieße gesalzene Erbsenbrühe darauf, lasse sie eine Viertelstunde sieden und treibe sie durch ein Haarsieb über Klößchen, gebackene Erbsen oder dergleichen.

Weiße Jus= (Schüh)=Suppe

Man brühe und ziehe ein Viertelpfund süße Mandeln ab, stoße sie in einem Mörser und gieße ein wenig frisches Wasser hinzu, damit sie keinen Oelgeschmack erhalten. Wenn sie klein genug sind, so lege man ein halbes Pfund gebackene Karpfen oder anderen guten Fisch hinzu und stoße ihn, schütte alles in einen Tiegel heraus, gieße gute Erbsenbrühe darauf, lasse sie zusammen gut aussieden und richte sie durch ein Haarsieb über gebackene Frösche oder dergleichen an.

Aus: Vollständiges Bayerisches Kochbuch, 1865 (siehe S. 76).

aufgeblähte Bauch und wir wünschen uns das organisierte Erbrechen herbei. Wir haben nicht mehr Sehnsucht und Lust auf die Befriedigung des Hungers, sondern wir haben unbewußt Sehnsucht auf den Hunger, weil wir irgendwie die Sinnlosigkeit und Unbekömmlichkeit dieses Kreislaufs spüren.

Ein wohlbeleibter und wohlbetuchter älterer Herr tritt aus einem Nobelrestaurant nach einem opulenten Male ins Freie. Vor der Türe kauert ein hungriger Bettler und bittet um eine Gabe. Da herrscht ihn der noble Herr an: Was, du Lump, du hast das heilige Gefühl des Hungers, nach dem ich seit Jahren suche – und bist nicht glücklich?

*James Gillray, Ein Genußmensch unter
den Qualen der Verdauung, 1792.*

Wienerisches bewährtes Kochbuch, 1805

Das „Wienerische, bewährte Kochbuch in sechs Absätzen" aus dem Jahre 1805 von Ignaz Gartler und Barbara Hikmann enthält: „Tausendsechshundert 20 Kochregeln für Fleisch- und Fasttage, alle auf das deutlichste und gründlichste beschrieben". Gemeint sind Rezepte. Wir zeigen Tafeln daraus:

Beispiel einer Tafelbesetzung zu Mittag an einem Fasttag mit 20 Schüsseln und 8 Assietten

1ter Gang

Abgegossene Kräutersuppe		
Kleine Pastetten		Krebsmeridon
Froschkarbonadel		Lachs
Brockerln mit Fisch-würfeln	Aufsatz	Verlohrne Eyer mit Sauerampfen
Frikasee von Schild-tröten		Rohrhühner in einer Soß
Laperdon mit Erdäpfel		Schiel
Frische Hähringe		Risolen
Braune Suppe mit Krapfeln.		

2ter Gang

Linzertorte.		
Aneisbretzeln		Artischoclen Salat
Hausen		Perschling
Spargel	Aufsatz	Krapfeln
Mehlspeisen mit Fanille		Aufgelauffenes Kindskoch
Forellen		Krebsen
Kompot von Aepfeln		Spanische Wind
Stangelbackeren.		

Tafeln an Fasttagen.

Nr. 11.
Schüsseln.

Eine braune Suppe mit faschirten Semmeln.
Eyer mit Krebsschweifeln.
Köhl mit gebackenen Fröschen.

Assietten.

Weichgesottene Eyer.
Hascheewandeln.
Hechtenwürstel.
Fischleber in Butter gedünst.

Schüsseln.

Die Assietten bleiben.
Einen gespickten Hausen mit Tartoffelsoß.
Krebsstrudel.
Schildkröten in der Limoniesoß.

Schüsseln.

Es werden auch mit die Schüsseln die Assietten abgenommen.
Heiß abgesottene Sälb-linge.
Eine Torte nach Belieben.
Gebratene Aalen.

Assietten.

Lerchensalat
Limoniesulz.
Zwey mit Austern.

Nro. 12.
Schüsseln.

Schühsuppe mit faschir-ten Semmel.
Eyer mit Krebsschweifeln.

Rogenkraut mit geselch-ten Haufen.

Assietten.

Gezupften Hechten.
Fisch Karbonadel.
Hascheewandeln.
Kauli in einer Buttersoß.

Schüsseln.

Nachdem die Schüsseln bis auf die Assietten ab-genommen worden.
Germnudeln.
Eingemachte Schild-kröten.
Gedünsten Schiel.

Schüsseln.

Die Assietten bleiben stehen.
Gebackenen Hechten.
Gebratenen Hausen.
Gebratene Rohrhühner.

Nachdem die Schüsseln und auch die Assietten ab-genommen worden.
Geschobene Torte
Heiß abgesottene Forellen.
Gebratene Aalen.

Assietten.

Gesulzte Eyer.
Heisabgesottene Krebsen.
Kleinen Sallat.
Schatto.

Das Konfekt und Obst nach Belieben.

Die Wienerische Köchin

Jäger und Sammler

von Klaus Wilhelm Gérard

D er Mensch ist ein Mangelwesen. Was heißt das? Er ist ein Lebewesen, das von seinem Ursprung nur so viel Nahrung zu sich nimmt, wie es braucht, um alle Funktionen des Lebens aufrechtzuerhalten. Seine Intention ist immer, wenn der „Brennstoff" zu Ende geht, für neuen zu sorgen. Nach Perioden der Unterversorgung (früher Hunger, heute Diät oder Abmagerungskur genannt) legt der Körper selbst vermehrt Reserven in Form von Fettpolstern an (Jo-Jo-Effekt genannt). Wenn sich der Hunger einstellt, folgt daraus nicht zwingend ein sofortiges Auf-die-Jagd-Gehen oder Beeren-Suchen. Der Mensch hat im Laufe seiner Entwicklung gelernt, sicherheitshalber einen Vorrat anzulegen, da der Jagd- oder Sammelerfolg nicht immer garantiert ist – abhängig vom Wetter, von der Jahreszeit, von Konkurrenten und von der eigenen Verfassung. Also wurden Techniken für die Konservierung der Lagervorräte erdacht und weitergegeben, die uns noch heute Spezialitäten bescheren. Denken wir nur an luftgetrocknetes Fleisch oder luftgetrockneten Fisch, an getrocknete oder eingelegte Früchte oder an vergorene Fruchtsäfte.

Das Hungergefühl ist eine Motivation, die alle Handlungen des Menschen letztendlich bestimmt. Sogar der Fortpflanzungstrieb ist diesem Überlebenstrieb unterlegen. Bekommt der Körper keine Nahrung, haben sich irgendwann auch alle anderen Triebe erledigt, denn es ist nur eine Frage der Zeit, daß er stirbt. Alle Sinne können sich erst entfalten, wenn die körperliche Nahrung gewährleistet ist. Ist diese Versorgung in Frage gestellt, weil sich ein Mangel einstellt, richten

Fastenbiersuppe mit geräucherter Forelle

… man nehme:

1 mittelgroße geräucherte Forelle,
$1/2$ Liter Gemüsebrühe, 1 Tasse mildes Bier,
2 Tasssen Joghurt, 1 Eßlöffel grob gehackte
Petersilie, 1 Messerspitze Curry,
Salz, weißen Pfeffer.

… und dazu brauchst du:

ein Schneidebrett, einen Mixer oder Pürierstab
und einen mittelgroßen Kochtopf.

… uns so geht's:

zerlege die geräuchterte Forelle, entgräte sie vollkommen und schneide haselnußgroße Stücke daraus. Nimm davon $1/2$ Tasse, zerdrücke den Fisch ganz fein oder püriere ihn in einem Mixer unter Zugabe von etwas Gemüsebrühe. Bereite nun bei mittlerer Hitze die Suppe aus der Gemüsebrühe, dem püriertem Fisch, den Fischstückchen, dem Joghurt, dem Bier und Curry, und schmecke mit Salz und Pfeffer ab. Lasse die Suppe nicht aufkochen.

… und dann:

bringst du die Suppe in vorgewärmten Tellern auf den Tisch und streust vorher etwas Petersilie darüber.

… übrigens

schmeckt zu dieser Suppe am besten das Bier dazu, das auch schon in der Suppe ist.

Karviol- und Spargelsuppe

Nachdem der Karviol gut geputzt und gewaschen worden, wird er in kleine Stückchen zertheilt und mit Wurzeln in Wasser weich gekocht. Dann wird ein helles Einbrenn gemacht, und mit dem Karviolwasser aufgefüllt, der Karviol und nach Geschmack die kleingeschnittenen Wurzeln werden dazu gegeben, aufgekocht, und über geröstete Semmel angerichtet. Anstatt Karviol nimmt man auch Spargel.

Aus: Neues Fasten-Kochbuch, um 1900 (siehe S. 92).

Kaisereier oder Eierkäs

Es werden zwei ganze Eier und zwei Dotter mit etwas Salz, geriebener Muskatnuß und mit einem Viertelliter kalter Milch abgerührt und in eine mit Butter ausgestrichene glatte Form gefüllt. Diese wird in einem zur Hälfte mit Wasser gefüllten Topf gestellt, dieser zugedeckt und so lange im Dunste gesotten, bis der Eierkäs gestockt ist. Er wird sodann herausgenommen, wenn er halb ausgekühlt ist, umgestürzt, in Würfel geschnitten und in die Suppe gegeben. Man kann ihn zu Karfiol-, Spargel- und Hopfensuppe geben.

Aus: Neues Fasten-Kochbuch, um 1900 (siehe S. 102).

sich alle, wirklich alle geistigen und körperlichen Aktivitäten in optimalem Engagement auf die Erlangung von Nahrung aus. Alle gespeicherten Erfahrungen werden mit einbezogen, aus dem Nicht-mehr-Bewußten hervorgeholt und auf Höchstleistung eingestellt. So lassen sich also alle Aktivitäten auf den Überlebenstrieb reduzieren.

Erst mit der Sicherheit, immer und in genügender Menge Nahrung zur Verfügung zu haben, so wie einen vollen Tank im Auto oder eine volle Batterie, ging die oben beschriebene, unmittelbare Motivation verloren. Da alles für uns verfügbar ist, wurde sie schlichtweg vergessen. Nahrung zur Verfügung zu haben wurde normal. Die Angst vor dem Hunger verschwand. Richtiges Hungergefühl kennt fast niemand mehr. So entwickelte sich die Nahrungsaufnahme zu einem Automatismus, zu einem Rhythmus, zuweilen zu einem langweiligen. In wohlhabenden Kreisen ging es dann auch beim Essen schon lange nicht mehr um die notwendige Nahrungsaufnahme. Wenn Geld keine Rolle spielt, entstehen die verrücktesten Dinge. Köche, die sich unter Druck sahen, immer wieder neue Ideen zu haben, erfanden die eigenartigsten und schauerlichsten Zusammenstellungen von Speisen. Hauptsache, es war ein Effekt vorhanden. Auch heutzutage kreieren Starköche für Leute, die alles

schon kennen und alles schon haben, immer teurere und immer aufwendigere Gerichte, die mit einer notwendigen Nahrungsaufnahme nichts mehr zu tun haben.

Was für ein Gefühl wird der Sammler oder Jäger gehabt haben, beim Anblick und gar beim Verzehr seiner Beute? Ganz sicher ein gutes. Er hat sich gut gefühlt, erfolgreich. Um dieses gute „Ur-Gefühl" zu haben, reicht es heute aus zu konsumieren: Chips, Hamburger, Steaks, 5-Minuten-Terrine. Wenn Kind keine Erfolgserlebnisse in der Schule, im Freundeskreis oder in der Familie hat, belohnt es sich selbst mit Schokoriegeln und fühlt sich besser. Die Werbung trägt ihres dazu bei. Die Folge sind Übergewicht und Krankheiten und der Verlust von echtem Spaß am Essen.

Nun sei folgender Gedanke erlaubt: Das Hungergefühl bringt Körper und Geist in einen optimalen Zustand, um sein Ziel, die Nahrungsfindung, zu erreichen. Da aber für uns heutzutage Nahrung immer und in gewünschter Menge abrufbereit zur Verfügung steht, ist der ursprüngliche, wirkliche Hunger Vergangenheit. Aber gelegentlich diesem Zustand wieder nahezukommen, kann ein tiefschlummerndes Vermögen wecken. Vielleicht entsteht ein geistiger Hunger, der breit gefächert sein wird. Ideen und Visionen können hervortreten und klare und realistische Formen annehmen. Lösungen für Konflikte privater oder geschäftlicher Natur finden sich. Der Horizont wird weiter. Unser riesiges, geistiges Potential, das so gerne schlummert, wenn es satt ist, öffnet sich mehr und mehr und bietet eine ungeahnte Bandbreite für praktische Anwendung aller Art. Ein voller Magen studiert nicht gerne.

Brennsuppe

Hierzu lasse man das Wasser mit etwas Kümmel sieden, mache ein gutes, schön braunes, sogenanntes Einbrenn, gieße das siedende Wasser langsam während des Umrührens darein, etwas Salz und ein wenig Weinessig hinzu, wenn sie säuerlich sein soll, rühre sie gut ab, stelle sie wieder an's Feuer und lasse sie gut aussieden, schneide das dafür bestimmte Brod würflicht in die Schüssel zum Auftragen, gieße die Suppe durch einen Seiher darüber, bestreue sie mit ein wenig Pfeffer, und sie ist fertig. Viele essen diese Suppe ohne Essig lieber, worauf die Köchin zu sehen hat. Manchmal wird diese Suppe mit in frischem Wasser abgeklopften Eiern fricassirt.

Aus: Vollständiges Bayerisches Kochbuch, 1865 (siehe S. 76).

Rumohrs Geist der Kochkunst, 1822

Conrad Ferdinand Rumohr überarbeitete und gab das gastrosophische Werk Josef Königs „Geist der Kochkunst" im Jahre 1822 neu heraus. Ein ebenso amüsantes wie wichtiges Buch mit Beschreibungen von allerlei Früchten und Gemüsen, Zubereitungsarten, aber auch mit Hinweisen auf die Kocherziehung und die Erziehung von Dienstknaben zu Tisch („Von dem aber, welches man aufhebt oder aufbehalten soll, nasche Du nichts, stecke auch nichts zu Dir, wie etliche Tellerlecker zu Hofe im Brauch haben, denn dasselbige stehet übel und bringet endlich böse Frucht."), von der Einfachheit oder Vielfältigkeit der Speisen und von den „Bewegungen und Zuständen des Gemüthes, die man vermeiden soll, in sich selbst oder in Anderen während des Essens anzuregen oder zu unterhalten".

Häusliches Mahl an einem Fasttage.

Suppe von aufgeriebenen Kartoffeln, mit Fischbrühe bereitet, (S. Zwölftes Kapitel.) oder von Krebsen mit durchgetriebenen Erbsen, oder von Grünigkeiten, die man in heißer Butter leicht übergangen hat, oder andere.

Imbiß: Frische Heringe oder Sardinen, geräucherter Lachs, Kaviar, auch andere geräucherte Fische, welche, wie der Aal, oder wie die schwarze Forelle von Berchtesgaden, des Erwärmens auf dem Roste bedürfen; endlich auch marinirte Fische. In Seegegenden dafür Austern, Muscheln oder Strandkrebse. Gegenüber gesäuerte Gurken; oder kleine Gurken, Veitsbohnen, Blumenkohl und andere mit Specereyen in Essig eingesottene Vegetabilien. Anders: ein Tellerchen mit frischer Butter und gegenüber Radieschen, schwarzer Rettig, oder wenn die Jahreszeit sie nicht giebt, etwas härtlich abgesottener Cellerey in Scheiben geschnitten und mit Salz, Pfeffer und Essig.

Eingang: Ein gesottener Fisch, auf trockengesottene Kartoffeln gelegt, welche erst auf der Platte selbst die Fischbrühe eingesogen haben. Ist der Fisch mager, so belegt man die Schüssel mit etwas frischer Butter (Siehe 1. Buch, Kap. 10.).

Leicht verdauliche Gemüse, als Spinat, Sauerampfer, Gemengsel von Kräutern u. dgl. mit gebackenem Fisch, oder in Ermanglung mit Eyern oder gebackenem Weißbrodte.

Endlich ein Fisch am Spieß oder auf dem Roste gebraten, mit Salat; oder auch eine Mehlspeise, die mit Obst oder Zucker versüßt ist.

Das Fasten im heutigen Judentum

von Pater Anselm Bilgri

Neben dem großen Versöhnungstag, dem *Jom Kippur,* der als Buß- und Fasttag begangen wird, kennt das Judentum noch fünf allgemeine Fasttage, die zum Teil schon in biblischer Zeit als nationale Trauertage begangen wurden. An ihnen gedenkt man trauriger Ereignisse der jüdischen Geschichte: den Beginn der babylonischen Belagerung von Jerusalem, den Tag, an dem die Babylonier die Mauern Jerusalems einnahmen, den Tag, an dem Jerusalem und der Tempel fielen (9. Aw), den Tag, an dem der Statthalter Gedalja fiel, woraufhin auch der armselige Rest der Bevölkerung das Land aufgeben mußte. Schließlich noch den Fastentag Esters unmittelbar vor dem *Purim*-Fest. Der 9. Aw gilt dabei als der finsterste Tag, weil an ihm auch im Jahre 135 der Bar-Kochba-Aufstand mit der vollständigen Niederlage und Vernichtung des jüdischen Heeres zu Ende ging, und 1492 an ihm die Frist endete, zu der die Juden Spanien zu verlassen hatten. 400 Jahre lang war das jüdische Leben auf der iberischen Halbinsel mit „Goldenes Zeitalter" betitelt.

Fastenminestrone

… man nehme:

400 Gramm gemischtes Gemüse wie Blumenkohl oder Rosenkohl, Knollensellerie, Lauch, Gelberüben, Zwiebeln. $3/4$ Liter kräftige Gemüsebrühe (auch Brühwürfel oder Instantbrühe), $1/4$ Tasse Olivenöl, 1 Tasse Weißwein, 1 Teelöffel Tomatenmark, 2 Eßlöffel Sojasoße, Salz, schwarzen Pfeffer, 1 gehäuften Eßlöffel fein gehackte Petersilie.

… und dazu brauchst du:

ein Schneidebrett, einen recht großen Kochtopf und eine Suppenterrine.

… und so geht's:

putze das Gemüse und schneide es in kleine Stücke. Brate es mit dem Olivenöl im Kochtopf gut an, bis es etwas Farbe bekommt. Gieße die Gemüsebrühe und den Wein dazu. Rühre das Tomatenmark und die Sojasoße und lasse die Suppe 20 Minuten bei kleiner Hitze kochen. Schmecke mit Salz und gut Pfeffer ab.

… und dann:

gibst du die Suppe in die vorgewärmte Terrine, streust die Petersilie darüber und bringst sie zu Tisch.

… übrigens:

kannst du, wenn die Suppe in den Tellern ist, noch etwas Olivenöl darüberträufeln.

Eine ganz ordinäre russische Fasten-Suppe.

Man nimmt einen Karpfen von zwei Pfund, schuppet und putzt ihn; dann kocht man ihn sammt dem Bäuschel, wovon die Galle abgelöset ist, im Salzwasser ab, nimmt sodann den Sud, worin die Suppe gesotten, schneidet gutes Hausbrod darein, läßt es zusammen gut auskochen, und gibt Pfeffer und Muskatennuß darein; dann zupfet man den abgesottenen Fisch sammt vielen klein geschnittenen Zwiebeln und Petersilie darein, läßt es nochmals zusammen aufkochen, und gibt es zur Tafel.

Aus: Die Bayerische Köchin in Böhmen, 1856 (siehe S. 65).

Fasten-Panadelsuppe.

Man reibt Semmel oder auch Hausbrod nach Belieben, röstet die Bröseln mit Butter oder Schmalz ganz bräunlich, füllt sie dann mit klarem Erbsensud auf, und läßt sie gut aussieden. Vor dem Anrichten quirlt man vier Eierdotter mit ein paar Löffel voll sauern Rahm ab, gibt es unter stetem Rühren in die Suppe und richtet es zur Tafel an.

Aus: Die Bayerische Köchin in Böhmen, 1856 (siehe S. 65).

An den fünf großen Trauertagen fastet man und das bedeutet für den gewöhnlichen Fasttag: weder essen noch trinken. Den ganzen Tag lang, also von Sonnenuntergang bis Sonnenuntergang. Solch ein strenges Fasten wird allerdings nur für den 9. Aw vorgeschrieben. Für die anderen Tage wurde das Fasten etwas leichter gemacht, nämlich von Sonnenaufgang bis Sonnenuntergang. Am Abend und nachts darf man noch Speisen und Getränke genießen. Außerdem darf an diesen Tagen gearbeitet werden.

Drei Wochen vor dem 9. Aw beginnt schon die Trauerzeit. Man verzichtet auf jede Feier. Es finden keine Hochzeiten statt. Man macht weder selbst Musik, noch spielt man sie. Auch die äußere Erscheinung wird nicht gepflegt. Man läßt das Haar wachsen, der Bart wird nicht entfernt. Die neun Tage unmittelbar davor kommen weder Fleisch noch Fleischgerichte auf den Tisch. Auch keine Speisen, die tierisches Fett beinhalten, bis auf die sogenannten milchigen Speisen. Natürlich trinkt man auch keinen Wein. Selbst die *Thora*-Rollen in der Synagoge müssen auf ihren Schmuck verzichten. Denn auch die *Thora* trauert.

Physiologie des Geschmacks, 1825

Jean Anthelme Brillat-Savarin ist und bleibt einer der größten Gastrosophen des Abendlandes. Wenn es auch heißt, die politischen Umwälzungen seien an seiner Stellung spurlos vorübergegangen: „sie hatten niemals die Macht, seine Verdauung zu stören"; so war der 1755 geborene Sohn einer Juristen- und Beamtenfamilie doch Kind seiner Zeit. Von Beruf Richter wurde er Abgeordneter im Nationalkonvent der Französischen Revolution.

Brillat-Savarins Kochkunst ist schon einmal als „Molekulargastronomie" bezeichnet worden, weil sie sich mit den Elementen befaßte, die in der Gastronomie wichtig sind, und versuchte, darin Naturgesetzen zu folgen.

1826 nach einem Pflichtaufenthalt in der kalten Kirche von St. Denis in Paris schwer erkrankt und verstorben hinterließ er der Menschheit die *physiologie du gôut,* der „Physiologie des Geschmacks", in der er alle das Essen und das Trinken und überhaupt alles die Tafelkultur betreffende Themen abhandelt. Hintergründig, nie ganz boshaft, aber umfassend informiert. Ohne seine Aperçus wäre bis heute so mancher Redner aufgeschmissen, seinem Vortrag wenigstens etwas Geschmack zu verleihen.

Seine Theorie des Fastens durchweht der aufklärerische Geist der Entlarvung. So führt er den Ursprung des Fastens auf die Trauer zurück. Unbewußt werde bei Familienunglücken und öffentlichen Katastrophen nichts gegessen. „Das Unglück ging vorüber, man redete sich ein, dass Weinen und Fasten die Ursache der Besserung seien und nahm bei ähnlichen Zufällen seine Zuflucht dazu." Im Nachhinein sei die freiwillige Enthaltsamkeit als religiöse Handlung betrachtet worden. Brillat-Savarins Übersetzer ins Deutsche sieht sich hier zu der Anmerkung veranlaßt, diese „philosophi-

PHYSIOLOGIE

DES

GESCHMACKS

ODER

PHYSIOLOGISCHE ANLEITUNG

ZUM

STUDIUM DER TAFELGENÜSSE.

Den Pariser Gastronomen

gewidmet

von

Einem Professor,
Mitglied vieler gelehrten Gesellschaften.

Von

Brillat-Savarin.

Uebersetzt und mit Anmerkungen versehen

von

Carl Vogt.

Sage mir, was Du isst und ich sa___r, wer Du bist.

Zweite Auflage.

Braunschweig,
Druck und Verlag von Friedrich Vieweg und Sohn.
1866.

sche Deduction des Fastens" leuchte ihm nicht ein. Der Leichenschmaus scheine ihm ein früheres Phänomen als das Trauerfasten.

Wie dem auch sei: Im Folgenden beschreibt Brillat-Savarin den Verfall der Fasten-Gepflogenheiten um die Mitte des 18. Jahrhunderts. Er beginnt mit der Beschreibung des Unterschiedes zwischen normalen, fröhlichen Tagen und mißvergnügten Fastentagen in seiner Jugendzeit. Immerhin erkennt er eine positive Wirkung, das Osterfrühstück:

„Die genaue Beobachtung der Fasten gab zu einem Vergnügen Anlass, das wir heute nicht mehr kennen, demjenigen, sich beim Frühstücke auf Ostern zu entfasten.

Untersucht man es genau, so sind die Grundlagen eines jeden Vergnügnes die Schwierigkeit, die Entbehrung, die Sehnsucht nach Genuss. All' das fand sich in der Handlung, welche die Fasten brach, und ich habe meine Grossonkel, weise und tapfere Leute, vor Entzücken strahlen sehen in dem Augenblicke, wo man am Ostertage einen Schinken anschnitt oder eine Pastete öffnete. Heutzutage würden wir, entartet wie wir sind, so mächtigen Gefühlen gar nicht widerstehen können."

Dann folgt die Beschreibung des Verfalls. Rücksichten und Ausreden weichen die Regel auf:

„Kinder bis zu einem gewissen Alter wurden nicht zum Fasten angehalten und Frauen, die schwanger waren oder es zu sein glaubten, waren ihrer Lage wegen eximirt und erhielten Fleischspeisen und ein Abendessen, das die Fastenden lebhaft in Versuchung führte.

Dann bemerkten die Leute reifern Alters, dass das Fasten sie aufregte, ihnen Kopfweh machte, sie am Schlafen hinderte; – dann schrieb man auf Rechnung des Fastens alle jene kleinen Zufälle, die den Menschen im Frühling belästigen, die Frühlingspocken, Schwindel, Nasenbluten und ähnliche Zustände, welche die Erneuerung der Natur hervorruft. Da fastete nun der Eine nicht, weil er sich für krank hielt, der Andere, weil er es gewesen war, ein Dritter, weil er für-

chtete, es zu werden. Die Fastenspeisen und Collationen wurden täglich seltener."

Harte Winter, Erschlaffung kirchlicher Strenge und Einsparung von teuren Fastenspeisen versetzten der Pariser Fastenpraxis weitere Schläge:

„Andere behaupteten, Gott könne nicht wollen, dass man seine Gesundheit aufs Spiel setze, und die Ungläubigen fügten hinzu, man könne das Paradies nicht durch Aushungern erobern." Die Französische Revolution und die Änderung der Eßgewohnheiten hätten ein übriges getan.

Ein gemäßigteres, verfeinertes, gebildeteres Zeitalter habe begonnen:

„Die Zahl der Mahlzeiten hat sich um die Hälfte verringert, die Völlerei ist verschwunden, um sich an gewissen Tagen in die untersten Classen der Gesellschaft zu flüchten. Man feiert keine Orgien mehr, Trunkenbolde werden ausgeschlossen. Das grössere Drittheil von Paris erlaubt sich Morgens nur ein leichtes Frühstück, und wenn einige sich den Genüssen einer ausgesuchten Feinschmeckerei überlassen, so sehe ich nicht ein, was man dagegen haben könnte, denn wie wir wissen, gewinnt Jedermann dabei und Niemand verliert etwas."

Die Schrecken der Revolution hinter sich – er war nach einer überstandenen Vorladung des Revolutionsgerichts der Jakobiner erst in die Schweiz geflohen, dann nach Amerika emigriert und erst in der napoleonischen Zeit wieder Richter in Frankreich geworden – hatte Brillat-Savarin 1825 diese Zeilen der „Physiologie des Geschmacks" geschrieben.

Das Fasten im Islam

von Pater Anselm Bilgri

Der Koran enthält in der 2. Sure das Fasten als ein göttliches Gebot und regelt es genau. Es hat den Charakter einer Bußübung wie bei Juden und Christen; auf diese Religionen wird ausdrücklich Bezug genommen. Ursprünglich hatte Mohammed seiner Gemeinde nur einen einzigen Fasttag vorgeschrieben, den „Zehner" (nach dem Vorbild des jüdischen Jom Kippur), nach der Hidschra aber durch den Fastenmonat Ramadan ersetzt. Dieses eintägige Asura-Fasten wurde als freiwillige Bußübung beibehalten.

Der *Ramadan* (türkisch: *Ramazan*) ist der neunte Monat des islamischen Kalenders. In diesem Monat wurde der Koran gesandt, nach traditioneller Annahme in der Nacht zum 27. Deshalb wird er durch das Fasten gewürdigt, eine der fünf Säulen des Islam (neben dem Glaubensbekenntnis, dem fünfmaligen Gebet, dem Almosengeben und der Wallfahrt nach Mekka und Medina).

Da das islamische Mondjahr kürzer ist als das normale Sonnenjahr von 365 Tagen, verschiebt es sich jedes Jahr gegenüber dem Sonnenjahr. Der *Ramadan* beginnt deshalb jedes Jahr um etwa 11 Tage früher und wandert so in 33 Jahren einmal durch das ganze Jahr. Der Fastenmonat kann daher in jede Jahreszeit fallen; da das Fasten den ganzen Tag, solange es hell ist, eingehalten werden muß – das Ende wird durch den Sonnenuntergang bezeichnet –, dauert es im Sommer sehr viel länger als im Winter.

„Es ist euch erlaubt, zur Fastenzeit bei Nacht mit euren Frauen Umgang zu pflegen … Eßt und trinkt, bis ihr in der Morgendämmerung einen weißen von einem schwarzen

Bohnensuppe mit Joghurt

… man nehme:

200 Gramm Bohnen, 1/2 Liter Gemüsebrühe (auch Instantbrühe), 1 kleine Zwiebel, 2 Eßlöffel Olivenöl, 2 Tasssen Joghurt, Salz, schwarzen Pfeffer, Parmesankäse.

… und dazu brauchst du:

ein Schneidebrett und einen mittleren Kochtopf.

… uns so geht's:

koche die gesäuberten Bohnen in Salzwasser, aber lasse ihnen ein wenig Biß. Schneide die Zwiebel in Ringe und lasse sie im nicht zu heißen Olivenöl glasig bis goldbraun werden, gieße die Brühe auf und lasse sie köcheln. Schneide die Bohnen in beliebig große Stücke, gib sie in die Brühe und schmecke mit Salz und schwarzem Pfeffer ab.

… und dann:

gibst du die Suppe in kleine Schüsseln oder Suppenteller, legst einen guten Eßlöffel Joghurt in die Mitte und reibst Parmesankäse darüber.

… übrigens:

Du kannst statt der Bohnen auch anderes Gemüse oder auch verschiedene Gemüse verwenden.

Chokoladesuppe

Erstlich nimm 4 Löffel voll Mehl in eine Rein, und röste es gelind ohne Schmalz, hernach durchgefähet, in den Suppenhafen gethan, so viel du vonnöthen hast. Treibe es mit kalter Milch ab, alsdann bereite drey Seitel siedende Milch, so viel, als du Suppe brauchest; rühre es ab, und laß es wieder aufsieden. Nimm gefähten Zimmet und Chokolade, rühre es abermal mit siedender Milch ab, und thue darein Zucker nach Belieben. Diese Suppe kannst du auch ohne Chokolade machen, es muß aber alsdann mehr Zimmet genommen werden.

Aus: Wienerisches bewährtes Kochbuch, 1805 (siehe S. 48).

Geröstete Semmelsuppe.

Drei Milchbrode werden fein geschnitten und in Butter geröstet. Mit Wasser oder Fastenbrühe einige Zeit gekocht, Salz und Muskatnuß hinzu gethan. Beim Anrichten mit zwei Eigelb, welche mit etwas süßen Rahm verrührt sind, legirt, fein geschnittene in Butter gelb geröstete Zwiebel werden oben darüber gegeben.

Aus: Münchner Kochbuch, 1893 (siehe S. 92).

Faden unterscheiden könnt! Hierauf haltet das Fasten bis zur Nacht!"

Nach diesen Koranversen bedeutet Fasten, daß dem Körper tagsüber keinerlei Lebens- und Genußmittel zugeführt werden dürfen und daß sexuelle Enthaltsamkeit geboten ist. Kranke und Reisende sind schon im Koran davon befreit; diese Ausnahme wird auf Schwangere, Ammen, Alte und Schwer-arbeiter ausgedehnt. Sie haben aber als Er-satz ein Almosen zu leisten oder das Fasten nachzuholen.

Beginn und Ende des Fastenmonats werden nach altem Brauch durch optische Beobach-tung ermittelt. Die Gläubigen in aller Welt warten gespannt die Nachricht aus einer der islamischen Metropolen, daß der neue Mond gesichtet worden sei. Früher wurde das abendliche Ende des Fasten durch einen Ka-nonenschuß angezeigt, der heute vielfach im Radio oder im Fernsehen übertragen wird. Dieser ist das Signal zur Einnahme des tagsüber vorbereiteten Festmahls. Es ist auch mancherorts üblich, daß kurz vor Sonnen-aufgang ein Trommler durch die Straßen geht und die Schlafenden weckt, damit sie noch vor Beginn des Fasten ein Frühstück einnehmen können.

Beim abendlichen Fastenbrechen findet man sich in Familien und größeren Gruppen zum festlichen Mahl zusammen. Gastfreund-schaft und Sorge für die Armen sind von be-sonderer Bedeutung. Es gibt sogar ein eige-nes „Almosen des Fastenbrechens", das auf einen überlieferten Ausspruch des Prophe-ten zurückgeht und besonders von den *Sun-niten* als obligatorischer Bestandteil der Fa-stenregeln angesehen wird. Nächtliche Ver-sammlungen in den Moscheen mit Koran-rezitation und zusätzlichen Gebeten sind üb-lich.

An den *Ramadan* schließt sich nach der Beobachtung des Neulichts das mehrtägige Fest des Fastenbrechens an. Es wird auch „das kleine Fest" genannt und ist eines der beiden Hauptfeste des islamischen Festkalenders. In der Türkei wird es auch das Zuckerfest oder einfach das Fest genannt.

Bis zur Gegenwart ist der *Ramadan* ein entscheidendes Element des Islam. Das gemeinsame Fasten und das nächtliche gemeinsame Mahl verleihen dem Ramadan einen stark familiären und gemeinschaftsfördernden Charakter; es fasten auch viele Muslime, die die religiösen Pflichten sonst eher lax erfüllen. Dies ist auch zu beobachten trotz der Erschwernisse, die sich aus der modernen Arbeitswelt, der nichtmuslimischen Umgebung und der zunehmenden Säkularisierungstendenzen auch in islamischen Lebensräumen ergeben.

Sauerkrautsuppe mit Joghurt

… man nehme:

200 Gramm Sauerkraut, 1 große Kartoffel, ein kleines Stück Butter, 1 kleine, feingehackte Zwiebel, 1/2 Liter Gemüsebrühe (auch Instantbrühe), 3 Tassen Joghurt, Salz, weißen Pfeffer.

… und dazu brauchst du:

einen mittleren Kochtopf, einen kleinen Kochtopf und eine Suppenterrine.

… und so geht's:

schäle die Kartoffel, zerschneide sie in mittelgroße Stücke und koche sie in Salzwasser gar. Dünste die feingehackte Zwiebel mit dem Stückchen Butter in dem mittleren Kochtopf bis sie glasig ist und gib die garen Kartoffelstücke dazu. Zerdrücke sie mit einem Stampfer oder mit einer Gabel und verrühre alles mit der Gemüsebrühe, dem Sauerkraut und lasse alles fünf Minuten köcheln. Nimm die Suppe von der Hitze weg, rühre den Joghurt unter und schmecke mit Salz und weißem Pfeffer ab. Lasse die Suppe nicht mehr aufkochen.

… und dann:

bringst du die Suppe in einer vorgewärmten Terrine oder in Suppentellern auf den Tisch und reichst Schwarzbrot dazu.

… übrigens:

kannst du kurz vor dem Servieren einen Schuß helles Bier dazugeben, das gibt der Suppe einen angenehmen, rustikalen Geschmack.

Gurkenkaltschale

… man nehme:

200 Gramm Gurken, 1 Tasse Weißwein,
$1/2$ Liter Gemüsebrühe, etwas Tabascosoße,
1 Messerspitze Zucker, 1 gehäuften Teelöffel fein
gehackter Petersilie, Salz, weißer Pfeffer,
1 Tasse Joghurt.

… und dazu brauchst du:

einen Mixer oder einen Pürierstab, eine mittlere
Rührschüssel und einen Schneebesen.

… und so geht's:

zerkleinere die geschälten Gurken im Mixer oder
mit dem Pürierstab unter Beigabe von etwas
Wein zu einem glatten Mus. In einer Rührschüssel
vermischst du das Mus, den restlichen Wein, die
Gemüsebrühe, den Joghurt, die Petersilie und
schmeckst mit etwas Tabascosoße, Salz, weißem
Pfeffer und wenig Zucker ab.

… und dann:

stellst du die Kaltschale kalt und serviert sie in
kleinen Schüsseln oder in Suppentellern.

… übrigens:

die Kaltschale ist sehr geeignet für ein leichtes
Menu zur Sommerzeit, aber auch in kleinerer
Menge vor der Hauptspeise als Ersatz für ein Sor-
bet.

Karfreitag in Bayern – nicht ganz fromme Erinnerungen

von Klaus Wilhelm Gérard

Am Freitag gibt es kein Fleisch. Daran hielt man sich und ich habe es nie anders gekannt. Es kam mir gar nicht in den Sinn, an einem Freitag Appetit auf Fleisch zu haben. Es war kein Verzicht für mich und ich habe es nie als Vorschrift empfunden. So wie ich heute das Anlegen des Sicherheitsgurtes nicht als Vorschrift empfinde. Der Hinweis der Großmutter, Leute, die freitags Fleisch essen, würden eine Todsünde begehen, war höchstens eine flankierende Maßnahme. Ich wäre gar nicht auf den Gedanken gekommen. Noch heute habe ich ein schlechtes Gewissen, wenn ich einmal in Andechs am Freitag Schweinshax'n esse oder gar andere dazu verführe.

Aschermittwoch gab es nur Fisch. Und Karfreitag auch, weil der liebe Herrgott an diesem Tag gestorben ist, für uns. Diesen Zusammenhang habe ich nie kapiert und immer wieder versucht, mir vorzustellen, was wir essen würden, wenn er nicht gestorben wäre. Aschermittwoch und Karfreitag waren beeindruckende Tage. Es war alles so geheimnisvoll und traurig. Aschermittwoch die Asche auf dem Haupt. Für ein Kind so weit weg. Mir war klar, daß alle anderen zu Staub werden würden: ich nie. Und auch keiner aus meiner Familie. Karfreitag. Diese Grabesstimmung mit dem lebensgroßen Christus, die abgedunkelte Kirche, keine Glocken, dieses Geräusch der Ratschen, das mir irgendwie heidnisch vorkam. Und die Geschäftigkeit immer an den Tagen zuvor. Faschingsdienstag als Cowboy in einer Hose von der Oma aus einem Zwiebelsack geschneidert, mit einem Revolver, Halstuch und Cowboyhut. Gründonnerstag im Feinkost- und Kolonialwarengeschäft meiner Eltern die Riesenkarpfen in großen Bottichen. Manche nahmen sie im Kübel mit, andere verlangten nach sofortigem Schlachten. Das war ebenso faszinierend wie ekelhaft. So einen Karpfen festzuhalten war recht schwierig, die waren so glitschig. Hatte unser erster Verkäufer einen erwischt, hieb der Lehrling mit einem runden Holzscheit auf die Karpfenstirn, manchmal mußte er mehrfach zuschlagen, bis er nicht mehr zappelte. Dann der Schnitt unten von hinten nach vorne, die Gedärme mit dem Daumen, Zeige- und Mittelfinger mit einem Ruck herausgerissen. Dieses Geräusch. Ich mag keine Karpfen. Dann wurden sie geschuppt. Die Schuppen spritzten durch die Gegend. „Wirst du müssen ein paar Schuppen in Dein' Geldbeutel tun, dann möcht' werden irgendwann einmal viel Geld daraus", verriet mir eine alte Kundin. Sie stammte aus Schlesien und verdrehte manchmal die Sätze. Für einige Wochen habe ich eine Handvoll Schuppen, ganz frische, in meinem Geldbeutel herumgetragen. Bis es mir die Mutter verboten hat, da nicht ausgekochte Schuppen nach einiger Zeit ziemlich streng riechen. Ich mußte den Geldbeutel wegwerfen und war sehr traurig, da ich bis heute nicht weiß, ob Geld daraus geworden ist.

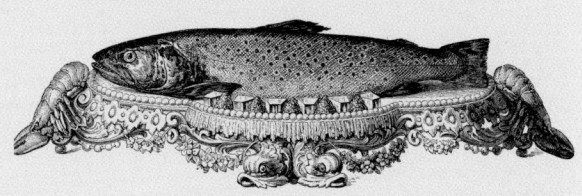

Schwarzbrotsuppe mit Dunkelbier

... man nehme:

¹/₂ Pfund altes Schwarzbrot, 1 mittelgroße Zwiebel, ein schönes Stückchen Butter, 1 Messerspitze Zucker, 1 Eßlöffel Mehl, ³/₄ Liter kräftige Gemüsebrühe, 2 Tassen dunkles, mildes Bier, möglichst Bockbier, 1 gestrichenen Teelöffel getrockneten, gerebelten Majoran, Salz und schwarzen Pfeffer.

... und dazu brauchst du:

ein Schneidebrett, einen mittelgroßen Topf und eine Suppenterrine.

... und so geht's:

reibe das Schwarzbrot zu groben Bröseln. Hacke die Zwiebel in kleine Stücke und brate sie im Kochtopf bei mittlerer Hitze mit der Butter, der Prise Zucker und dem Mehl bis sie glasig ist und Farbe bekommt. Gib das Brot dazu und laß es eine Weile rösten, bis die gesamte Butter aufgenommen ist. Rühre nun langsam die kräftige Gemüsebrühe ein, würze mit dem Majoran und schmecke mit Salz und gut Pfeffer ab. Laß die Suppe 10 Minuten bei kleiner Hitze köcheln; und gib das Dunkelbier erst kurz vor dem Servieren dazu. Lasse die Suppe mit dem Bier keinesfalls mehr aufkochen, sonst kann sie bitter werden.

... und dann:

servierst du die Suppe in einer vorgewärmten Suppenterrine oder in Tellern und bringst sie heiß auf den Tisch.

... übrigens:

wenn du dazu das gleiche Bier, das du für die Suppe verwendet hast (das durchaus auch von einer nicht unbekannten Klosterbrauerei stammen kann) und frische Schwarzbrotscheiben reichst, hast du eine ebenso kräftige wie schlüssige Fastenspeise.

Schwäbische Brodsuppe.

Man siedet Petersilie und Selleriewurzel im Wasser, salzt es gut und gibt neues Gewürz darein, richtet schwarz sehr dünn geschnittenes dörres Brod auf eine Schüssel, gießt die Wurzelsuppe darüber, brennt dann heißes Schmalz, worinnen Zwiebel braun geröstet sind, darein, gibt etwas Rahm dazu, und läßt es nochmahl während dem man einige Eier und einen Löffel voll Wein hinein gegeben hat, aussieden.

*Aus: Allerneuestes Kochbuch für Fleisch- und Fasttäge, 1804
(siehe S. 44).*

Außer Karpfen gab es auch Forellen und Seefisch. Schon geschlachtet und auf Eis. Goldbarsch 100 Gramm – 98 Pfennige. Auch Räucherfisch wie Aal und Schillerlocken, die geräucherten Bauchlappen vom Blauwal. Jedenfalls wurden vor diesem wichtigen Fastentag Unmengen an Material für die Fastenessen verkauft. Mehrmals am Tag kamen Lieferungen. „Fasten" hat für mich dadurch eine enge Verbindung mit Menge und mit viel Geld bekommen; denn wir machten Riesenumsätze an diesen Tagen. Fasten war, außer der Tatsache, daß es kein Fleisch gab, für mich ein Mischmasch aus Fischgeruch, klingelnder Kasse, viel zu Essen und gesichtslose, alte Frauen in Trauerkleidung, die sich geheimnisvoll und wie Verschwörer nächtens am Grab Jesu trafen. Meine Mutter war da nie dabei. Sie traf Vorbereitungen für den Karsamstag. Der ließ die Kasse noch einmal ordentlich klingeln, denn ab Ostersonntag war die Fastenzeit vorbei und da durfte man wieder so richtig …

Die Fastenzeit selbst ging an mir nahezu unbemerkt vorbei. Es war die Zeit des Wirtschaftswunders nach dem Zweiten Weltkrieg. Jeder ging seinen Geschäften nach. Doch – Tanzen war verboten. „Kathrein stellt den Tanz ein." Ich war zwar noch nicht auf den Tanzböden, aber es gab zu dieser Zeit bei weitem nicht so viele Veranstaltungen in unserem Martflecken wie heute. Da fiel es einfach auf, wenn sechs Wochen noch weniger als nichts los war.

Schildkröten waren eine ebenso beliebte wie teure Fastenspeise. War der Seefisch nur in den kalten Monaten gut transportierbar, konnten Schildkröten lebend und ohne größere Rücksichtnahme befördert werden. Sie wurden auch lebend verkauft und erst kurz vor der Verarbeitung brutal geschlachtet. Wir zeigen eine Anweisung dafür aus dem „Neuen Kochbuch" (1. Auflage Stuttgart 1804, hier 5., verbesserte Auflage 1840):

Frikassee von Schildkröten

„Man legt die (Fluß-) Schildkröte auf den Tisch, hält ihr ein glühendes Eisen nahe auf den Schild, hackt, wann der Kopf und die Füße zum Vorschein kommen, solche sogleich ab, und wirft die Schildkröte in kaltes Wasser, daß sie sich todt blutet, legt sie hierauf in einen Kessel oder eine Kastrol mit siedenem Wasser, läßt sie einigemal aufkochen, nimmt sie heraus, macht den Schild ab, schneidet das Fleisch in zierliche Stücke, und die Galle von der Leber weg. Alsdann röstet man einen halben Kochlöffel Mehl in einem guten (ziemlich großen) Stück Butter weißgelb, thut einige fein geschnittene Chalottenzwiebeln dazu, rührt es mit einem Schöpflöffel voll Fleischbrühe und dem Saft von einer halben Zitrone an, legt das Schildkrötenfleisch darein und läßt es ein wenig durchkochen. Vor dem Anrichten zieht man die Soße mit 2 oder 3 Eigelb ab; hat sie nicht Säure genug, so wird mit Zitronensaft geholfen.

Bemerkung: Wenn man bei einer lebendigen Schildkröte wissen will, ob es ein Männchen oder Weibchen ist, so muß man am Bauche sehen. Diejenigen, deren Schale erhaben ist, haben Eier, und sind also Weibchen, die aber einwärts gebogen sind, sind Männchen und nicht so delikat wie die Weibchen."

Die Bayerische Köchin in Böhmen, 1856

Maria Anna Neudecker war „die Bayerische Köchin in Böhmen". Als dieses so genannte Kochbuch in München herausgegeben wurde, sprach man nicht von der bayerischen oder der österreichischen Küche, sondern von der süddeutschen Küche. Die gebürtige Münchnerin Maria Anna Neudecker, die viele Jahre in Wien und in Böhmen tätig war, freute sich in ihrem Vorwort zur 7. Auflage ihres Bestsellers über „die bereits 14.000 in der Welt cursierenden Exemplaren, ohne der Übersetzungen in die bömische, französische und italienische Sprache zu gedenken". Wir zeigen Fasten-Menüs aus der 10., erweiterten Auflage von 1856:

Fastenspeiszettel auf sechs Speisen und vier Assietten.

Erste Tracht.

| 3 runde Schüsseln. | Gestoßene Fischsuppe.
Gefüllte Eier.
Stockfisch. |
| 2 Assietten. | Senf.
Erdäpfel. |

Zweite Tracht.

2 runde Schüsseln.	Hecht mit Sardellensauce. Milchrahmstrudel.
1 lange Schüssel.	Gebackene Karpfen.
2 Assietten.	Salat. Kleine Backerei.

Speisezettel zur Fastenspeise mit zehn Schüsseln und acht Tellern.

Erste Tracht.

| 5 runde Schüsseln. | Klare Fischsuppe mit gebackenen Erbsen.
Eingerührte Eier mit Spargel.
Gefüllte Schnecken in Häuseln.
Böhmische Karpfen.
Grießknödel. |
| 4 Teller. | Fischwürstchen.
Kleine Pastete mit Fischragout.
Sardellenbutter.
Junge Rettige. |

Zweite Tracht.

3 runde Schüsseln.	Spinat mit gebackenen Fröschen oder Bavesen von Karpfenmilch. Bayerische Dampfnudeln mit Vanillesauce. Linzer Torte.
2 lange Schüsseln.	Ganzen gebratenen Hecht. Spritzkrapfen.
4 Teller.	Grüner Salat. Compot. Käs. Brod.

Erste Tracht.

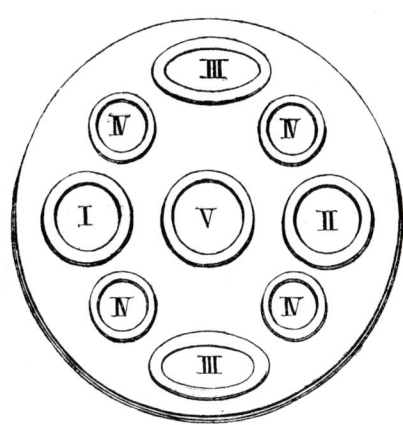

Zweite Tracht.

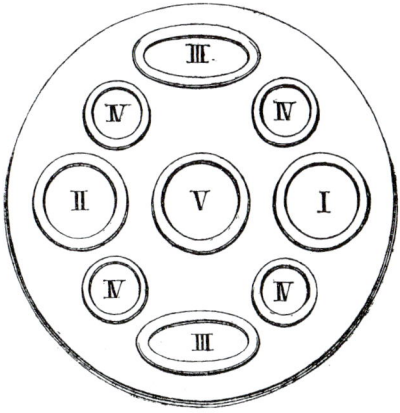

Zeichnung zum zweiten Speisezettel.

Die 40tägige Fastenzeit im Christentum

von Pater Anselm Bilgri

Die Vorbereitungszeit auf die Osterfeier hat in der deutschsprachigen Christenheit verschiedene Namen: in den Kirchen der Reformation wird sie Passionszeit genannt, bei den Katholiken heißt sie Fastenzeit, neuerdings wird sie mit dem etwas geschraubt wirkenden Namen „Österliche Bußzeit" bezeichnet. Der lateinische Ausdruck *Quadragesima* wird wohl am besten mit „Zeit der 40 Tage" übersetzt. Die Namen weisen auf den Schwerpunkt hin, den die jeweilige Frömmigkeitstradition setzt. Die alte römische Überlieferung ist nüchtern und gibt nur den Zeitrahmen an, ohne irgendeine Aussage über die Inhalte zu machen. Die Katholiken setzten auf die Leistung des Verzichts auf Speise und Trank, die Protestanten betonten dagegen das Leiden Christi, das die einzige Quelle der Rechtfertigung sein kann; die katholische Kirche legt nach der Reform des letzten Konzils Wert auf den Bußcharakter, den Ruf zur Umkehr, der die knappen sechs Wochen vor dem Osterfest in der Verkündigung und Praxis prägt. Es sind eigentlich drei Aspekte, die diese Zeit prägen: an erster Stelle wird das Almosengeben, also die tätige Nächstenliebe, an zweiter Stelle das inständige Gebet und erst an dritter Stelle das Fasten als Verzicht genannt. Deshalb ist auch der Ausdruck Fastenzeit eigentlich eine Verkürzung und Einengung auf einen Teilbereich des geistlichen Lebens, welches in dieser Zeit geübt werden soll. Die evangelischen Christen entdecken die Passionszeit als eine Einübung in Konsumverzicht neu. Es gibt dort seit einigen Jahren die Aktion „sechs Wochen ohne"; es wird emp-

Kartoffelsuppe mit Gelberüben

... man nehme:

250 Gramm Kartoffeln, 150 Gramm Gelberüben,
1 Scheibe Brot, ¹⁄₂ Liter Gemüsebrühe,
1 Stück Butter, 2 Tassen Joghurt,
1 gestrichenen Teelöffel gerebelten Majoran,
1 Messerspitze Curry, 1 Messerspitze Zucker,
Salz, weißen Pfeffer und zwei Eigelbe.

... und dazu brauchst du:

ein Schneidebrett, einen mittelgroßen Kochtopf,
eine mittelgroße Bratpfanne
und eine Suppenterrine.

... und so geht's:

du schälst die Kartoffeln, schneidest sie in mittelgroße Stücke und kochst sie in Salzwasser gar. Gieße das Wasser ab und stampfe sie zu einem groben Brei. Rühre die Gemüsebrühe, den Joghurt, Majoran, Zucker und Curry bei kleiner Hitze ein und schmecke mit Salz und weißem Pfeffer ab.
Putze die Gelberüben, teile sie der Länge nach in Viertel und schneide daraus kleinfingerdicke Stücke. Mache aus dem Brot gleichmäßige Würfel und brate diese zusammen mit den Gelberübenstücken in der Pfanne mit Butter, bis sie Farbe haben.
Nun nimmst du die Suppe und ziehst bei immer noch kleiner Hitze die Eigelbe unter. Laß sie nicht mehr aufkochen.

... und dann:

gibst du die Suppe in die vorgewärmte Terrine, legst oben die gebratenen Gelberüben- und Brotstücke drauf und servierst sie entsprechend in Tellern.

... übrigens:

wenn die Suppe zu dicklich ist, kannst du sie mit Milch etwas strecken.

Französische Fastenkräutersuppe.
Une julienne maigre.

Einige gelbe Rüben, vier Stück Borri, eine Sellerie-Wurzel, drei Stück Kopfsalat, zwei Zwiebeln und ein Stück Wirsingkraut wreden gereinigt, gewaschen und in feine Fadenstückchen, en filets, geschnitten. Hierauf läßt man ein Viertelpfund frische Butter in einer Kasserolle heiß werden, gibt die geschnittenen Kräuter dazu und läßt diese mit ein wenig Salz weich dünsten. Sodann gießt man die nöthige Fastenkräuterbrühe dazu und läßt diese noch einige Zeit kochen, während man die Suppe rein entfettet. Vor dem Anrichten wird die Suppe gehörig gesalzen und mit gerösteten runden Brodkrusten angerichtet.

Aus: Rottenhöfers Kochbuch, 1858 (siehe S. 72).

fohlen in diesen Wochen auf den Gebrauch von Luxusgütern zu verzichten: Autofahren, Fernsehkonsum, Rauchen … und viele andere Möglichkeiten mehr.

Die 40 Tage sind eine von biblischer Zahlensymbolik geprägte Zeitspanne: Dort bedeutet sie eine Zeit der Buße, der Läuterung, der Vorbereitung auf eine Gottesbegegnung. Sie wird begründet mit den 40 Jahren der Wüstenwanderung Israels ins gelobte Land, mit den 40 Tagen, die Mose auf dem Berg Sinai und der Prophet Elija auf dem Weg zum Berg Horeb fasteten, aber auch mit dem 40tägigen Fasten Jesu zum Auftakt seines öffentlichen Wirkens. Ursprünglich begann diese Vorbereitungszeit am 6. Sonntag vor Ostern. Da am Sonntag als dem wöchentlichen Auferstehungs-, also Ostertag nicht gefastet werden darf, kam man auf die 40 Tage, indem man Karfreitag und Karsamstag, die eigentlich schon zur Osterfeier zählen, und vier Tage vor dem ersten Fastensonntag hinzurechnete. So wurde der Aschermittwoch zum Beginn der Fastenzeit.

Heute gilt: Die 40tägige Fastenzeit hat die doppelte Aufgabe, einerseits durch Tauferinnerung und Taufvorbereitung, andererseits durch Buße die Gläubigen auf die Feier des Osterfestes vorzubereiten. Ostern ist der bevorzugte Tauftermin der Kirche. An diesem Fest werden Erwachsene und Kinder in die Gemeinschaft der Glaubenden aufgenommen. Während der 40tägigen Vorbereitungszeit werden immer wieder in eigenen Feiern Gebete über die Taufbewerber gesprochen, werden ihnen in Symbolhandlungen das Glaubensbekenntnis und das Vaterunser übergeben, bis sie schließlich in der Osternacht durch Untertauchen oder Übergießen das Sakrament der Eingliederung in die Kirche empfangen.

Der Fasching als Gegensatzerfahrung

Oft wird der Fasching als fünfte Jahreszeit bezeichnet. Seine Dauer ist schwer einzugrenzen. Sicher ist, daß er der kirchlichen Fastenzeit vorausgeht und am Aschermittwoch endet. Er geht zurück auf vorchristliche Bräuche und doch hat er seinen Siegeszug gerade in der christlichen Ära und hier wieder speziell im katholischen Milieu gehalten. *Carne vale,* eine Verballhornung der lateinischen Form für „Fleisch ade!" wird oft als Ursprung des romanischen und über die Rheingrenze schwappenden Namens für die Faschingszeit angegeben.

Fast-Nacht deutet wie Weih-Nacht auf den am nächsten Tag beginnenden Festkreis des Kirchenjahres hin. Das süddeutsche Wort Fasching kommt aus dem mittelhochdeutschen „vast-schanc", das den Ausschank und Trunk vor dem Beginn der Fastenzeit bedeutet. Ein interessantes Detail mag sein, daß der Fasching auch in den katholischen Missionsgebieten Japans nicht fehlt und dort *Shanikusai,* „Fest der Absage an das Fleisch" heißt.

Der Advent als kleine Fastenzeit

Das Weihnachtsfest zeichnet sich wie Ostern durch eine Zeit intensiver Vorbereitung und eine Zeit des Nachfeierns aus. Der Advent wurde nie so streng gehalten wie die Fastenzeit. Dennoch galt bis zum Beginn des Wirtschaftswunders der Verzicht auf Süßes besonders für die Kinder als Element des Advents. Dieser wurde nur durch den Nikolaustag unterbrochen. Der Verzicht auf Fleisch wurde spürbar besonders am Vigiltag von Weihnachten, also dem Tag, den wir als Heiligabend bezeichnen. Vielerorts war es üblich, erst nach der Christmette „Fleischiges"

Blumenkohlküchlein mit Joghurtsoße

… man nehme:

$^1/_2$ Blumenkohlkopf, 2 Eier, 2 gehäufte Eßlöffel Mehl, Salz, weißen Pfeffer, Sonnenblumenöl, Semmelbrösel.

… und für die Soße:

2 Tassen mageren Joghurt, Salz, weißer Pfeffer, 1 Messerspitze Curry, 1 Prise Zucker, 1 gehäuften Teelöffel gehackten Schnittlauch.

… und dazu brauchst du:

eine mittlere Rührschüssel, eine kleine Rührschüssel, eine große Bratpfanne, einen großen, flachen Teller, Küchenkrepp, Soßenschälchen, einen großen Teller oder eine Keramikplatte.

… und so geht's:

koche den Blumenkohl in Salzwasser, er soll aber noch etwas Biß haben. Bereite aus den Eiern und dem Mehl einen glatten Teig. Schneide und zerdrücke den gekochten Blumenkohl mit einer Gabel und verrühre ihn mit dem Teig. Wenn er zu dünn ist, gib Mehl oder Semmelbrösel dazu, bis sich mit einem Eßlöffel Nockerl abstechen lassen. Setze ein Nockerl nach dem anderen in die Kasserolle mit heißem Fett oder Öl, und backe sie goldbraun heraus. Lasse sie auf einem großen, flachen, mit Küchenkrepp belegten Teller abtropfen.

… und die Soße:

verrühre den Joghurt mit der Prise Zucker, der Messerspitze Curry, dem Schnittlauch, dem weißen Pfeffer und schmecke mit Salz ab.

… und dann:

richte die abgetropften Blumenkohlküchlein auf einem vorgewärmten, großen Teller oder in einer Keramikrein an, bringe sie heiß zu Tisch und reiche dazu die Joghurtsoße in einem Schälchen.

…übrigens:

die Blumenkohlküchlein bieten als Vor- oder Zwischenspeise aber auch als Beilage (ohne Soße) einen kräftigen, aber feinen Geschmack.

Bratwürste am Fasttag.

Man hackt Karpfenbrait, so viel man gebraucht, klein, giebt dazu ein wenig Limonieschäler, ein wenig Majoran, Muskatblüh, und ein wenig Mehl, walzt es auf einem bemehlten Tuch, wie die Bratwürste ab, giebt sie in ein siedendes Wasser, und läßt sie sieden. Wann sie ausgesotten sind, bratet man sie hernach auf dem Rost.

Aus: Mein eigenes geprüftes Kochbuch, 1799 (siehe S. 30).

zu essen, so etwa die „Mettenwürste", als welche man gerne Saure Zipfel reichte.

In der Kirche des merowingischen Frankenreiches dauerte die Adventszeit sechs Wochen, begann also schon Mitte November. Deshalb wurde am letzten Festtag vor dem Adventsbeginn noch einmal richtig gefeiert und geschlemmt. Das war der Tag des hl. Martin, der von den Merowingerkönigen zum Patron ihres Reiches erhoben worden war. Sein Sterbetag war einer der großen Reichsfeiertage. Am Vorabend zog man, wie damals auch an Ostern, mit einer Lichterprozession durch die Straßen. Von daher ist es zu erklären, wieso am Martinstag der Fasching beginnen soll. Die Schnapszahl im Datum 11.11. (zusammen mit der Uhrzeit 11 Uhr 11) tut ihr übriges. Die besonders fett gemästeten, gestopften Gänse, wie sie heute noch im Westen des ehemaligen Frankenreiches, eben in Frankreich gegessen werden, waren eine Anspielung auf die Legende von der Auffindung des Bischofskandidaten Martin wegen des Geschnatters der Gänse und zugleich der Abschied von Fleisch und Fett bis zum Christtag.

Fastenspeise Christstollen

von Klaus Wilhelm Gérard

Da die Adventszeit ursprünglich eine Fastenzeit war, war auch der Christstollen ursprünglich eine Fastenspeise, gemacht aus Mehl, Hefe und Wasser. Einige sagen, die Form dieses Fastenbrotes symbolisiere ein gewickeltes Kind, das Jesuskind in Windeln, von dem das Evangelium spricht (Lk 2,7.12). Das sogenannte Fatschenkind ist aber nicht nur eine liebe und süße Idee: weisen doch die weißen Windeln schon auf den in Leinentüchern liegenden Leichnam Christi hin. So manche alte Tradition enthält ernstere und tiefere Bezüge, als unsere von sentimentalem Kitsch verklebte Zeit glauben will. Gerade in der Adventszeit kann uns das Wissen um eine ursprüngliche Fastenzeit innerlich befreien von dem Bombardement aus Domino-Steinen, Zuckerguß-Lebkuchen und Kaufhaus-Spekulatius. Auch mancher Stollen hat mit der Feinheit eines Dresdner Christstollens nichts mehr zu tun. Ob es sich ursprünglich wirklich um sogenannte Gebildebrote gehandelt hat, ist vor allem deshalb umstritten, weil ein Stollen das wichtigste Element, den Kopf, gerade nicht abbildet. Fatschenkinder finden sich heute noch im bayerischen Kunsthandwerk und Volksbrauchtum, den Kopf des Jesuskindes kunstvoll aus Wachs, Holz oder Porzellan gearbeitet. Mancherorts werden sie auch aus Teig gebacken. Doch der bekannteste Christstollen ist ein Sachse: 1329 stellte der Bischof von Naumburg ein Zunftprivileg für die örtlichen Bäcker aus und erhielt dafür jedes Weihnachten zwei Stollen. Es gab ihn als Rosinen-, Mandel oder Mohnstollen. Die Dresdener machen ihren Christstollen mit Rosinen, Mandeln, Zitronat und Orangeat. Seine

Panierter Broccoli mit Kräutersoße

... man nehme:

250 Gramm Broccoli, 1 Ei, Mehl, Wasser, Salz, $^1/_2$ Tasse Semmelbrösel

... und zum Herausbacken:

Sonnenblumenöl.

... und für die Soße:

2 Tassen mageren Joghurt, Salz, weißen Pfeffer, 1 Prise Zucker, eine halbe Tasse feingehackter, gemischter Kräuter wie Petersilie, (wenig) Liebstöckel, Kerbel, (wenig) Rosmarin oder was das Herz begehrt, etwas fein gehackten Knoblauch (wenn gewünscht).

... und dazu brauchst du:

ein Schneidebrett, einen mittleren Topf zum Herausbacken, eine mittlere Porzellanplatte und ein Schälchen für die Soße.

... und so geht's:

du kochst den Broccoli in Salzwasser, schneidest ihn in walnußgroße Stücke. Bereite mit dem Schneebesen einen Teig aus dem Ei und dem Mehl, bis er sehr zäh ist. Gib solange Wasser dazu, bis der Teig noch dickflüssig ist und schwer vom Besen tropft und gib etwas Salz dazu. Vermische den Teig mit dem Broccoli – alle Stücke müssen vom Teig benetzt sein – nimm sie mit Löffel und Gabel einzeln heraus und wälze sie in den Semmelbröseln. Backe sie im Öl goldbraun und lasse sie auf Küchenkrepp abtropfen.

… und die Soße:

verrühre den Joghurt mit der Prise Zucker, dem weißen Pfeffer, den Kräutern und vielleicht mit dem Knoblauch und schmecke mit Salz ab.

… und dann:

Richte die Broccolistücke auf der Platte an und bringe sie heiß zu Tisch. Reiche die Soße dazu.

Bayrisches Kraut.

Man nimmt Blätter von weissen Kraut, wickelt sie nach dem Waschen auf, und schneidet sie wie Nudeln. Man läßt ein gutes Stück Rind- und eben so viel Schweinschmalz in der Rein heiß werden, giebt das Kraut darein, läßt es ein wenig zugedeckt dünsten, staubt ein wenig Mehl daran, und gießt ein wenig Rindsuppe dazu, giebt dann Pfeffer, Salz, ein wenig Koriander, und etwas Eßig darein, und läßt es gar ausdünsten.

Aus: Mein eigenes geprüftes Kochbuch, 1799 (siehe S. 30).

verfeinerte Form verdankt er der Petition sächsischer Hausfrauen an ihre Herrschaften: Die kurfürstlichen Brüder Ernst und Albrecht von Sachsen (ab 1464) wandten sich dann im sogenannten „Butterbrief" an den Papst, um dem adventlichen Fastenbrot durch Butter und Milch mehr Geschmack verleihen zu dürfen. Der Heilige Vater antwortete:

„Sintemalen nun, daß euretwegen für Uns vorgegeben, daß in euren Herrschaften und Landen keine Oehlbäume wachsen und man das Oehles nicht genug, sondern viel zu wenig und nur stinkend habe, daß man dann teuer kaufen muß … bewilligen Wir inkraft dieses briefes, daß ihr Butter anstatt des Oehles ohne einige Pön frei und ziemlich gebrauchen möget."

Interessant ist die Begründung der Dispens: Die südlichen, alten katholischen Länder Italien und Spanien haben Olivenbäume, aus denen sie gutes und nahrhaftes Öl gewinnen. Für den Geschmack und den Gehalt der Speisen ist somit auch während der Fastenzeit gesorgt. Länder wie Deutschland kochen mit tierischen Fetten, und die verfügbaren Pflanzenfette sind entweder teuer oder schlecht oder beides. Im Laufe der Jahrhunderte bereicherte freilich der Handel auch die Gebiete nördlich der Alpen mit besseren Pflanzenfetten. In der Rennaissance verbreiteten sich – zunächst in der Oberschicht – die Gewürze des Orients. Daß mit ihnen die Fastenspeisen unproblematisch verfeinert werden konnten, zeigen heute noch Weihnachtsgewürze wie Zimt, Vanille, Kardamon und Muskat. Sie finden sich auch im echten Dresdner Christstollen, dessen Rezeptur geheim und gesetzlich geschützt ist.

Rottenhöfers Kochbuch, 1858

Johann Rottenhöfer, „Königl. Haushofmeister und vorher erster Mundkoch weil. Sr. Maj. des Königs Maximilian II. von Bayern" und später Leibkoch König Ludwig' II. war im 19. Jahrhundert wohl der wichtigste Koch im Süddeutschen Raum. Sein im Jahr 1858 herausgegebenes und 942 Seiten umfassendes Werk sollte das Lehrbuch von ganzen Kochgenerationen werden. Die Fastenküche, oder was man als solche darstellen wollte, wurde umfangreich berücksichtigt. Die „Neue, vollständige theoretisch-praktische Anweisung in der feineren Kochkunst mit besonderer Berücksichtigung der herrschaftlichen und bürgerlichen Küche" war eines der grundlegenden Fachbücher, in welcher die unterschiedlichen Küchen von Bürgertum und Adel sich gegenseitig ergänzend dargestellt wurden. War die bürgerliche Küche und die des niederen Adels und Landadels eher von der Beschränktheit der Prudukte des näheren Umlandes geprägt, war die höfische Küche immer schon international, mit unumstößlich starker Ausrichtung nach Frankreich. Wohlhabend gewordene Bürger wollten es dann den Adeligen gleichtun und umgaben sich gerne mit deren Attributen von Reichtum und Macht, ja haben oft diesen Glanz sogar in den Schatten gestellt – ob an Fleisch- oder an Fasttagen. Als nach der französischen Revolution in Frankreich der Adel abgeschafft war, übernahm das Großbürgertum nahtlos die hohe Kochkunst und deren Protagonisten in seine Dienste. In Deutschland und besonders in Bayern wurde die Verquickung dieser Küchen langsam vollzogen, dauerte bis in die zweite Hälfte des 20. Jahrhunderts an und wurde erst in den Jahren des Wirtschaftswunders weitgehend beendet, wobei eine Anpassung an das jeweilige Gesellschaftssystem stattfand.

Waren in den alten Fastenkochbüchern der einfachen Küche genaue und strenge Fastenvorschriften zu finden, wurde das Fasten in der gehobenen Kochkunst eher symbolisch dargestellt, vornehmlich ohne Fleisch. Die Vorbildfunktion des Adels und des Klerus und dessen warnend erhobener Zeigefinger machten die Anwesenheit der Fastenküche an den herrschaftlichen Hofhaltungen unabdingbar. Große Dîners zur Fastenzeit und üppige Mäler müssen uns heute verlogen erscheinen. Grund und Anweisungen des Fastens waren zur leeren Formalie geworden.

In Rottenhöfers theoretisch-praktischen Anweisungen findet die Fastenküche einen guten Anteil. Wenn die Rezepte nicht mit dem Wort „Fasten" versehen wären, würden sie als solche nicht erkannt. Wie es sich gehört, sind die Rezepte mit deutschen und französchen Überschriften versehen:

Fasten=Kraftbrühe.
Consommé maigre.

„Zur gehörigen Bereitung dieser Consommé sind verschiedene Arten von Fischen nöthig und man nimmt gewöhnlich, wenn es in örtlicher Beziehung die Umstände gestatten, Karpfen, Hechte, Barsche, besonders Schleien und Froschschenkel, auch kann man mit dem besten Erfolge, wenn es die allenthalben strenge Oekonomie zuläßt, einen kleinen Aal dazu nehmen. In Gegenden, wo gänzlicher Mangel an Süß-Wasserfischen ist, wie z. B. in Griechenland, bereite ich diese Consommé aus Seefischen. Zu vier Maß guter Fasten-Consommé sind zwie Pfund Karpfen, zwei Pfund Schleien, ein Pfund Hecht und Barsche, nebst einem Schock Froschschenkeln nöthig. Nachdem also sämmtliche Fische nach ihrer bekannten Weise geschuppt, ausgenommen und gewaschen worden sind, werden sie in Stücke geschnitten und in einer mit einem dicken Boden versehenen Casserolle mit einem halben Pfund Butter, einigen in dicke Scheiben geschnittenen Zwiebeln, einigen gelben Rüben, Porri und einem Stück Sellerie schichtenweise eingerichtet, wobei jedoch bemerkt wird, daß die Zwiebeln mit der Butter die unterste Lage sein müssen. Sodann setzt man die Casserolle auf Kohlenfeuer, gibt einige Anrichtlöffel voll Wasser dazu und läßt das Ganze langsam dämpfen bis die Zwiebeln am Boden eine braune Farbe haben. Sodann wird die Casserolle mit frischem Wasser angefüllt, ins Kochen gebracht, rein abgeschäumt und so, gut verschlossen, zwei Stunden langsam von der Seite gekocht. Hernach wird diese Fisch-Consommé rein entfettet, dann durch eine feine Serviette passiert und in einem irdenen Gefäß kalt gestellt. Sollte diese Consommé nicht ganz hell sein, kann man sie mit einigen Eierweiß klären. Denn sie muß sehr hell, von lichtbrauner Farbe und kräftigem Geschmack sein."

Fastenkräutersuppe.
Une panade aux herbes maigre.

„Vier Eßlöffel voll fein geschnittenen Gartensauerampfer, etwas fein geschnittene Zwiebeln und Petersilie werden in einem Viertelpfund heißer, frischer Butter einige Zeit gedünstet, sodann mit einem Schöpflöffel voll Wurzelbrühe begossen und mit etwas Salz weich gekocht. Gleichzeitig werden zwei frische Mundbrode abgerieben, der Boden abgeschnitten, die Brode sodann in Scheibchen geschnitten und auf einem Plafond in einem nicht heißen Backofen getrocknet. Sodann kömmt das Brod in eine Casserolle, die Kräuter werden dazu gethan, mit noch zwei Maß Wurzelbrühe begossen und so zusammen mit etwas Salz gut verkocht. Beim Anrichten wird die Suppe gehörig gesalzen und mit dem Gelben von sechs Eiern und einem halben Quart guten, süßen Rahm legiert und angerichtet."

Fasten, einen guten Grund gibt es allemal

von Klaus Wilhelm Gérard

Fasten war immer Kasteiung. Wer sich kasteit, legt sich Entbehrungen auf, zur Buße. Die Selbstzüchtigung ist seltener geworden. Aber Buße bleibt Buße. Im religiösen Sinne ist Sühne vielleicht das bessere Wort als Strafe. Eine Sühneleistung also, das Fasten, für Körper und Geist. Pauschal für unsere Schlechtigkeit. Vergeben ist damit noch gar nichts. Jedenfalls weiß man's nicht. Könnte auch geradezu umgekehrt laufen: daß durch den Bruch der Fastengebote neue Sünden dazukommen. Dabei war man schon auf dem Weg zur Umkehr. Vielleicht schon ein Sprößlein die Himmelsleiter weiter hinaufgestiegen ... Desto tiefer der Fall!
Maßgebliche Einschnitte in die Genüsse des täglichen Lebens mußten es sein: kein Fleisch, keine Eier, keinen Zucker, je nach Strenge der Zeiten, je nach Fastenbrauch. Die Klöster machten es vor, freilich strenger als die Leute draußen. Aber drinnen schaute auch kein Unberechtigter zu. Eine willkommene Quelle für Gerüchte, Vermutungen und ebenso schadenfrohe wie verleumderische Unterstellungen. Die Fastengebote durchzusetzen war nicht einfach. Ohne Drohung mit Schlimmerem, wer verzichtet da

Bohnentorte

... man nehme:

200 Gramm Bohnen, 1 kleine Zwiebel,
30 Gramm Butter, 3 Eßlöffel Gemüsebrühe,
2 Eier, 3 gute Eßlöffel Joghurt, Salz,
schwarzen Pfeffer, 1 Tasse Reibekäse,
$^1/_2$ Teelöffel Semmelbrösel.
100 Gramm Hefeteig, aus der Tiefkühltruhe,
vom Bäcker oder selbstgemacht.

... und dazu brauchst du:

eine mittlere Kasserolle und
eine mittlere Spring- oder Keramikform.

... und so geht's:

koche die Bohnen in Salzwasser, lasse sie aber nicht zu weich werden. Du butterst die Springform oder Keramikform gut aus, schneidest die Zwiebel in feine Ringe und brätst sie mit Butter in einer mittleren Kasserolle goldbraun. Bei kleiner Hitze gibst du die kleingeschnittenen Bohnen, den Joghurt, die Gemüsebrühe und die ganzen Eier dazu, verrührst alles gut und schmeckst mit Salz und schwarzem Pfeffer ab.

Du legst den Boden und die Ränder der ausgebutterten Form mit dem dünn ausgewalztem Hefeteig aus, verteilst die Masse und gibst den Reibekäse gleichmäßig darüber. Backe die Torte im vorgeheizten Backofen bei 180 Grad ca. 20 Minuten goldbraun und streue nach 10 Minuten die Semmelbrösel und nochmals etwas schwarzen Pfeffer darüber.

… und dann:

nimmst du die Torte aus der Form und teilst sie in 8 gleiche Stücke, die du auf einem großen, flachen Teller möglichst heiß als Vorspeise auf den Tisch bringst.

… übrigens:

können kleiner geschnittene Portionen auch zum Apéritif vor einem Dîner serviert werden.

Ordinäre Fasten-Semmelknödel.

Man schneidet um fünf Kreuzer Semmeln auf, brennt Schmalz daran, oder auch ein wenig siedende Milch, schlägt dann 8 Eier darein, ein wenig Mehl, nur so viel, daß sie beisammen halten; dann schlägt man es in siedendes gesalzenes Wasser ein. Hat man frische Schwämme, Champignons, oder auch Maurachen, so putzet man sie schön, schneidet sie fein, dünstet sie in einem Ziegel mit Butter, stäubt ein wenig Mehl daran, gibt eine Hand voll klein geschnittenes Petersilienkraut dazu, läßt es dünsten, schüttet gute Fleischsuppe darauf, oder am Fasttage Erbsenbrühe, läßt es aussieden, und richtet es über die Knödel an.

Aus: Die Bayerische Köchin in Böhmen, 1856 (siehe S. 65).

schon gern? Und wer dann noch nicht auf den rechten Weg zu bringen war, den mußte man mit Gewalt zur Einsicht bringen.

Wurde dem Gläubigen bei Verstößen gegen das Fastengebot die Hölle oder zumindest für einige Zeit das Fegefeuer angedroht, bekamen Klosterbrüder durchaus auch Schläge und wurden eingesperrt. In den übersichtlichen Einheiten eines Klosters war die Kontrolle leicht möglich und die Strafen konnten gezielter und wirkungsvoller eingesetzt werden.

Grund zum Fasten gab es ständig. Am Freitag als Erinnerung an die Kreuzigung Jesu, am Mittwoch, weil an diesem Tag Judas das Geld annahm und Jesus verriet und am Samstag, um die Jungfräulichkeit Mariens zu preisen. Nicht zu vergessen, die 40 Tage Fasten vor Ostern und die vierwöchige Adventszeit. Mit den Quatembertagen und Vigilien mögen's beinahe zwei Drittel des Jahres gewesen sein.

Legenden vom Fasten der Guten und Völlern der Bösen zeigten den Mönchen und auch den normalen Gläubigen den richtigen Weg. Der hl. Nikolaus soll schon als Säugling das Fasten aufgezeigt haben, da er sich am Mittwoch und Freitag weigerte, sich mehr als einmal an der Brust seiner Mutter zu laben.

Ganz Eifrige wollten mit den Milchprodukten – Laktizinienverbot – den Genuß von Eiern gleich mitverbieten. Es sollen sogar Menschen zu Tode geprügelt worden sein, die in der Fastenzeit mit einem Ei in der Hand oder im Mund erwischt wurden. In dieser Zeit konnten sich Wohlhabende von dem Verbot der Milchprodukte freikaufen, mit sogenannten Butter- und Käsebriefen und Butterpfennigen.

Den Mönchen blieben immerhin noch Nüsse, Früchte, Gemüse, Getreide und Wein – und – in besonders gesegneten Regionen – Bier.

Vollständiges Bayerisches Kochbuch für alle Stände, 1865

Das Bayerische Kochbuch der Daisenbergerin aus dem Jahre 1865, erschienen zu Nürnberg, verfügt nicht nur über einen sehr schönen Titelkupfer, der eine herrschaftliche Küche mit Köchinnen zeigt, sondern auch einen großen Anteil an Fastenrezepten, davon alleine 28 Fastensuppen. Hier eine Auswahl davon:

Wassersuppe mit Milchrahm.

„Hierzu schneide man das Brod auf, schwarzes ist das beste, salze es, gieße das siedheiße Wasser darüber, decke es zu, stelle die Suppe auf ein Kohlfeuer, damit sie wohl durchweicht, belege sie oben einen Finger dick mit Rahm, pfeffere sie ein wenig, streue Schnittlauch darüber, und sie ist fertig. Zur Abwechslung schlägt man auch für jede Person ein Ei daran und läßt sie anziehen, aber nicht hart werden."

Milchsuppe mit Vanille.

„Diese wird eben so gekocht wie die vorige, nur muß man sie nicht salzen, sondern zuckern und ein sehr feines Stängelchen Vanille damit sieden lassen. Auch kann man sie über gebähte Semmelschnittchen anrichten, aber das Vanillenstängelchen vorher herausnehmen."

Weiße Biersuppe.

„Man schneide Milchbrod in eine Maas weißes Bier und lasse es zusammen gut sieden, schlage 3 Eier mit frischem Wasser ab, rühre es darein, den nöthigen Zucker darunter, fricassire es mit 2 Eidottern, und richte die Suppe an."

Vollständiges

Bayerisches Kochbuch

für alle Stände.

Enthält:

Leichtfaßliche und bewährte Anweisungen auf die vortheilhafteste, schmackhafteste und wohlfeilste Art die Fleisch- und Fastenspeisen, Suppen, Soßen und Gemüse zu kochen, Backwerke, Compot's, Creme's, Gelée's, Gefror'nes, Marmeladen, Säfte, warme und kalte Getränke, Speisen für Kranke und Genesende zu bereiten, Tafeln nach der neuesten Art zu decken, zu tranchiren. Ferner Vorschriften zum Einpöckeln und Räuchern des Fleisches, Einmachen verschiedener Früchte, Holzersparen, Lichterziehen, Seifensieden, Färben, Bleichen, Brodbacken, Waschen, nebst noch sehr vielen nützlichen Haushaltungsvortheilen und Mitteln.

Siebzehnte,

neuerdings vielfach verbesserte und sehr vermehrte, auf fünfzigjährige Erfahrung gegründete Auflage.

Von

Maria Katharina Daisenberger,
geborne Siegel in Regensburg.

Zwei Theile.

Mit einem in Stahl gestochenen Titelkupfer.

Nürnberg,

Verlag von J. L. Lotzbeck.

Weichselsuppe.

„Man stößt frische oder gedörrte Weichseln sammt den Kernen in einem Mörser, thut das Gestoßene in einen Tiegel, und läßt es mit der Hälfte Wasser und Wein wohl kochen. Alsdann treibt man dieses durch einen Durchschlag, stellt es wieder zum Feuer, läßt es nebst Zucker, Zitronenschnitzchen, Zimmt und einigen Gewürznelken noch ein wenig kochen und richtet es über beliebiges Brod, Zwieback oder Mandelschnitten an."

Frau Daisenberger zeigt in ihrem „vollständigen" Kochbuch eine große Zahl von Fastenspeisen auf, die eine große Vielfalt und eine gewisse Raffinesse darstellen. Ein kleine Auswahl sei aufgeführt:

Fasten=Fischwürste.

„Man reinige das Fleisch von nur ein wenig in gesalzenem Wasser abgesottenen Hechten, Karpfen oder dergleichen von den Gräten und bringe das Fleisch, nebst Petersilienkraut, Pfeffer, Majoran, in Milch geweichte und wieder ausgedrückte Semmeln, (welche ein Drittel der Fische ausmachen müssen), sowie auch ein wenig Butter und Zitronenschalen auf ein Wiegbrett, wiege es klein, bringe es mit dem nöthigen Salz und einem Paar Eiern in eine Schüssel, mische es gut ab, fülle es in nicht zu große Därme, binde jeden besonders gut zu und brate oder siede die Würste."

Gefülltes Fastensauerkraut.

„Das Sauerkraut muß wie voriges ganz gedünstet werden. Indessen schneide man aus einem gewässerten Häring und aus einem Hechte kleine schmale Stücke, falze letzere, wende sie in Mehl um und backe sie aus dem Schmalze. Dann röste man geriebene Semmeln in Schmalz, bestreiche eine Reisschüssel mit Butter und bestreue sie mit geriebenen Semmeln, bringe eine zolldicke Lage von dem gedünsteten Kraut hinein und einen Löffel voll sauern Rahm darauf, streue ein wenig geröstete geriebene Semmeln darüber, auch ein wenig von den gebackenen Fischen und allenfalls Krebsschweifchen, dann wieder eine solche Lage von dem Kraut, Rahm und geriebenen Semmeln und so fort, bis es zu Ende ist. In die Mitte aber muß man einen ganzen gebackenen Karpfenmilchner bringen. Hierauf decke

man es zu und lasse es gut ausbacken. Nun stürze man es auf die zum Auftragen bestimmte Schüssel und trage es auf."

Fastenreißwürste.

„Man blanchiere ein halbes Pfund Reiß, koche denselben steif in Milch, treibe ein halbes Pfund reine Butter mit 8 Eidotter ab, schlage von 4 Eiklar einen Schnee, rühre ihn auch, nebst Zimmt, abgezogenen Pistazien, Zucker und Muskatenblüthe darunter, dann den Reis darein, nudle aus dieser Farce kleine Würste, kehre sie in abgetropften Eiern um, bestreue sie mit geriebener Semmel, und bade sie in nicht zu heißen Schmalze schön braun."

Von der Ökonomie des Fastens und dem Schalk des Menschen

von Klaus Wilhelm Gérard

Mit zunehmenden Wohlstand der Klöster veränderte sich auch das Fastenverhalten. Übliche Brote und Fladen entwickelten sich zu Kuchen und Pasteten. In den faden Mehlbrei wurde zunehmend mehr Honig eingerührt um den „Magen zu erwärmen" – aber *cum scrupolo* – mit Bedenken. Krapfen, in Fett gebacken, wurden mit unterschiedlichsten Dingen gefüllt. Denn die Fülle, worum es sich im einzelnen auch immer gehandelt haben mag, fiel nicht auf. Mönche hielten die bei Tisch angeordnete Schweigepflicht ein und konnten somit keinen Nachschlag verlangen, wenn ihnen danach war. So zeigten sie mit dem „Krapfenzeichen" beispielsweise ihre Sehnsucht nach einem weiteren Krapfen an, indem sie aus dem Haar eine Locke drehten. Für Mönche mit Glatze war es eine schwere Zeit. So stam-

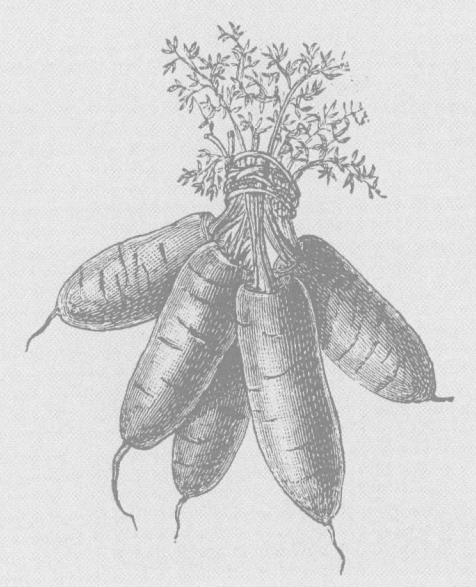

Leichte Gelberübentorte

… man nehme:

200 Gramm Gelberüben, 2 Eier, 1 gehäufter Eßlöffel Mehl, 3 Eßlöffel kräftige Gemüsebrühe, 1 Teelöffel Zitronensaft, $1/2$ Teelöffel Meerrettich, 1 Messerspitze Zucker, Salz, weißen Pfeffer.

… und zum Überbacken:

150 Gramm Hefeteig, ein kleines Stück Butter, 1 Tasse Reibekäse, 1Tasse Joghurt, 2 Eßlöffel Olivenöl.

…und dazu brauchst du:

eine mittelgroße Springform, ein Reibeisen, eine mittlere Schüssel und eine Tortenplatte.

… uns so geht's:

buttere die Springform gut aus und lege den dünn ausgewalzten Hefeteig in die Form. Den Teig am Rand und am Boden verbindest du gut durch Andrücken des Teiges. Reibe die rohen Gelberüben, vermische sie in einer Schüssel mit den Eiern, der Brühe, rühre vorsichtig das Mehl hinein, gib den Zitronensaft, den Zucker, den Meerrettich dazu und schmecke mit Salz und schwarzem Pfeffer ab. Verteile die Masse gleichmäßig in der Springform.

Verrühre den Reibekäse mit dem Olivenöl und dem Sauerrahm, gib etwas Salz und schwarzen Pfeffer dazu und streiche die Soße gleichmäßig über die Gelberübenmasse. Backe im vorgeheizten Backofen die Torte bei 180 Grad, bis sie eine goldgelbe Farbe bekommen hat.

… und dann:

bringst du die heiße Gelberübentorte auf einer Platte bereits aufgeschnitten auf den Tisch oder servierst sie auf Tellern.

… übrigens:

kalt und in kleinen Stücken eignet sich die Torte sehr gut als Appetithappen.

Bayerische Fastenklöße.

Für 5–6 Personen nimmt man 10–12 Hände voll fein geschnittene Milchbrode, gießt 6 Loth heißese Schmalz darauf, mengt es wohl untereinander und läßt es eine Viertelstunde lang stehen. Alsdann klopft man 5–6 Eier, mit einem Ouart Milch, Salz und etwas klein geschnittenen Schnittlauch, gießt es über das Brod und gibt einige Löffel Mehl dazu, soviel als zum Zusammenhalten nöthig ist. Nun legt man einen rund geformten Stoß in der Größe eines Apfels zur Probe in kochendes, gesalzenes Wasser; schwimmt er herauf, so fährt man fort, alle einzulegen; sollte aber der Kloß seine Form verlieren, oder zu Boden sinken, dann muß er im ersten Falle noch etwas Mehl, im zweiten etwas Milch zugesetzt werden. Sie dürfen nicht länger als eine Viertelstunde kochen. Sie können mit einer beliebigen Soße, mit braunen Ragouts, Fischrogner, oder auch mit Compot´s als Zuspeise gegeben werden.

Aus: Vollständiges Bayerisches Kochbuch, 1865 (siehe S. 76).

men aus der alten Welt, deren strenge Ordnung der Wohlstand zu unterlaufen begann, viele witzige und meist wohlschmeckende Gerichte und Speisen.

Alle möglichen Tricks kamen auf. Es wurden Fastenspeisen „designt", die aber in Wirklichkeit aus Fleisch und damit verboten waren. Und es wurden Speisen hergestellt, die wie Fleischspeisen aussahen, aber eben aus Fisch oder aus Mehl und Ei gefertigt waren. Gewürze außer Salz und Kräuter waren für keusche Mönche ohnehin verboten, da sie bei deren Genuß zu lustig geworden wären.

Nicht zu übersehen sind die ökonomischen und sozialen Auswirkungen des Fastens in diesen Zeiten wie in jeder Notzeit. Es war sowieso nicht viel an Nahrung vorhanden. So wurde der Mangel versüßt durch die Aussicht auf bessere Zeiten: das Fastenbrechen – und ein besseres Leben: das ewige. Dieser Wechsel gab nicht nur der Not eine Ordnung, er inszenierte ein Spiel zwischen Fasten und Feiern, zwischen Hüben und Drüben, das vom *Memento homo* des Aschermittwochs zum *Ecce homo* des Karfreitags führte, in welchem dann bereits die Glorie des Ostermorgens anklang. Doch bei aller Theologie darf der Ordnungsfaktor dieses Wechselspiels nicht übersehen werden.

Süddeutsche Küche, 1866

Katharina Prato, die Herausgeberin der „Süddeutschen Küche", hatte sich im Jahre 1866 entschlossen, einen Auszug dieses Lehrwerkes für das „Kochbuch für Officiers-Menagen" herauszugeben. „Auch soll sich für die Wirthschaft des verheirateten und behäbiger eingerichteten Officiers in diesem Leitfaden genügende Auskunft finden, sowie manche besondere Gelegenheit an einfache Menagen von Junggesellen sowie an Haushaltungen höhere Anforderungen stellt, als für den täglichen Gebrauch".

Für Frau Prato war es selbstverständlich, auch für diesen Personenkreis, der häufig und für vorübergehende Zeit im besetzten Ausland gelebt hat, Vorschläge für Fastenessen anzubieten.

Vorschlag für zwei Fasten-Diners:

Froschsuppe
eingebrannte Linsen
Eierkuchen
gebackener Fisch mit Salat
Mehlspeise

Reissuppe
gebackene Sardellen
Eierspeise
gebratener Fisch mit Karfiol
Mehlspeise

Thomas Rowlandson, Der Vielfraß, 1813.

Die Klosterküche von Wörishofen, 1894

Zu Kneipps Zeit wurden in Wörishofen noch keine Fastenkuren angeboten, auch wenn Kneipps Auffassung von der Ernährung vor allem während einer Kuranwendung schon in diese Richtung ging. Heute sind Aufenthalte in Fasten-Hotels teurer als in Gourmet-Hotels, in denen es jeden Tag Sechs-Gänge-Menüs vom Feinsten gibt.

Als Geistlicher hatte Sebastian Kneipp auf die strikte Einhaltung der Fastenvorschriften zu achten und sorgte auch für deren gutes *Placement* im Kochbuch der Wörishofener Klosterküche, die der Art der einfachen, bürgerlichen Küche entsprach und in der die Mehlspeisen vorherrschten. Aus der 6., vermehrten und verbesserten Auflage von 1894:

Küchenzettel für gewöhnliche Fasttage.

Nr. 1.
1. Grüne Suppe, mit Eiern abgezogen.
2. Hollunderwürste mit brauner Sauce.
3. Krautkrapfen oder Krautpanzen.

Nr. 2.
1. Erbsensuppe mit Omeletten.
2. Blau abgesottene Fische oder gebackene Forellen.
3. Gebratener Hecht mit Salat.

Nr. 3.
1. Panadelsuppe, mit Eiern abgezogen.
2. Stockfisch mit Sauerkraut und gerösteten Kartoffeln.
3. Pfannenkuchen mit Zwetschken und Salat.

Nr. 4.
1. Suppe: Weiße und gebackene Butterknödel.
2. Reisauflauf mit eingemachten Himbeeren.
3. Gebackener Fisch mit Salat.
4. Zwetschkenkuchen.

Küchenzettel
für ein Fest an einem Fasttage.

1. Suppe: Fischknödel.
2. Saure Fische mit Dampfnudeln und Fürstenbrot.
3. Gebratener Fisch mit gerösteten Kartoffeln.
4. Gebackener Fisch mit Salat.
5. Mandelpudding mit Hagebutten=Sauce.
6. Zwetschken= und Aepfelkuchen.
7. Wein mit Torte.

Die Dominikanerinnen aus Wörishofen, heute Bad Wörishofen, holten sich als Lokomotive für ihr Kochbuch, das 1892 von der Buchhandlung des Katholisch-politischen Preßvereins in Brixen hergestellt wurde, einen „Promi". Seine Hochwürden Wassertreterpfarrer Sebastian Kneipp gab sein Konterfei und lieferte eine Vorrede. Das war für einen Pfarrer ungewöhnlich. So bedenkt Hochwürden: „Schreibe ich mit diesen Zeilen das Vorwort zu einem Kochbuche, so mag das manchem sonderbar vorkommen. Grund und Ursache ist, weil ich die Menschheit zu einer größeren Einfachheit zurückführen und das beseitigen möchte, was die Mode Nachtheiliges eingeführt."

Fastenbräuche

von Pater Anselm Bilgri

Fasten- oder Hungertuch

Es gibt von jeher religiöse Verhüllungs- und Sichtbarkeitsriten. Sie finden sich nicht nur im Kult der Ostkirche, in der Ikonostase, der Bilderwand, die den Altarraum vom Kirchenschiff abtrennt und das Geschehen dahinter den Augen der Gläubigen verbirgt; im Westen ist seit frühchristlichen Tagen die Verhüllung des Kreuzes, der Bilder und Reliquiare während der Passionszeit (die letzten beiden Wochen vor dem Osterfest) bekannt. Das Kreuz war im ersten Jahrtausend vor allem als ein Siegeszeichen verstanden worden und war deshalb kostbar gefertigt, mit Gold und Edelsteinen verziert; die Darstellung des gekreuzigten Herrn war, wenn überhaupt ein Korpus am Kreuz befestigt wurde, als Sieger über den Tod konzipiert. In den Tagen vor dem Karfreitag wurden aber die Leidenstexte des Alten und Neuen Testamentes vorgetragen, so daß die sieghafte Seite des Geschehens durch die Verhüllung zurücktrat.

Um die erste Jahrtausendwende entsteht der Brauch, in der ganzen Fastenzeit vor dem Altar ein Velum, ursprünglich einfarbig schwarz oder violett, aufzuhängen. Dieses Fastenvelum erhält verschiedene Namen: Fastentuch, Hungertuch, Kummertuch. Mit der Zeit wird es künstlerisch ausgestaltet. In einem meist rasterförmigen Bildaufbau wurde die Heilsgeschichte von der Schöpfung bis zum Weltende erzählt oder aber Tier-, Pflanzen- oder andere Motive dargestellt. Mit dem Beginn der Neuzeit verflüchtigte sich dieser Brauch und hielt sich nur noch in Westfalen und im Münster zu Freiburg. Nach dem

Spaghetti alla Fastencarbonara

… man nehme:

250 Gramm beste Spaghetti,
100 Gramm Kartoffeln, ein kleines Stück Butter,
$^1/_2$ Tasse geriebenen Parmesankäse,
2 Tassen Joghurt, $^1/_4$ Tasse kräftige Gemüsebrühe, 2 ganze Eier, Salz, schwarzen Pfeffer.

… und dazu brauchst du:

einen großen Kochtopf, ein Schneidebrett,
ein scharfes Gemüsemesser,
eine mittelgroße Bratpfanne und
eine mittelgroße Platte oder Keramikform.

… und so geht's:

du kochst die Spaghetti nach Kochvorschrift und *al dente* (das bedeutet nicht: am Zahn kleben bleiben – sie sollen Biß haben). Gieße das Wasser ab und sprudle kaltes über die Nudeln.

Die Kartoffeln schälst du, schneidest sie in kleine Würfel und brätst sie in der Pfanne mit der Butter bis sie eine gute Farbe bekommen. Gib die Kartoffeln in den bereits benutzten Kochtopf, dazu den Joghurt, die Brühe und den Parmesankäse und verrühre alles bei kleiner Hitze. Bringe nun die Spaghetti in die Soße, die noch ziemlich flüssig ist. Schmecke mit Salz und nach Belieben mit viel schwarzem Pfeffer ab. Nun schlägst du noch die beiden Eier hinein und rührst bei kleiner Hitze weiter, bis sich die Eier gut verteilt haben und die Soße beginnt, etwas dickflüssiger zu werden.

… und dann:

legst du die Spaghetti auf eine vorgewärmte Platte oder in eine Keramikform, richtest die noch im Topf verbliebenen Kartoffelwürfel schön auf den Nudeln an und bringst alles heiß auf den Tisch.

… übrigens:

kannst du statt der Kartoffel auch Gelberüben, Auberignen, Zucchini oder Knollensellerie nehmen oder auch alles mischen.

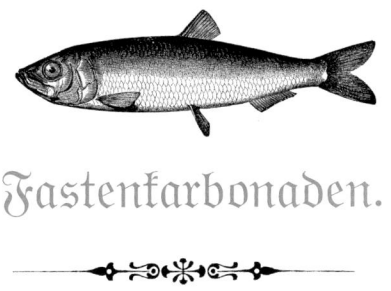

Fastenkarbonaden.

Man siede geputzte Fische in gesalzenem Wasser ab, gräte sie aus auf ein Brett, füge hinzu: Petersilienkraut, Zitronenschalen, Majoran, ein wenig Pfeffer und Zwiebeln, auch Salz und eben so viel in Milch geweichte und dann ausgedrückte Semmeln, sowie ein wenig Butter, wiege alles klein zusammen, bringe es in eine Schüssel, rühre auf jede Hand voll ein Ei, daß ein Teig, wie der abgetriebene Klößteig daraus wird, (falls er zu dünn wäre, hilft man mit geriebenen Semmeln nach), bestreue ein Brett mit geriebenen Semmeln, bringe den Teig darauf, formire fingerdicke Karbonaden daraus, kehre sie in geriebenen Semmeln um, lasse in einer Amuletpfanne auf Kohlfeuer Butter zerfließen, lege die Karbonaden darein und lasse sie auf beiden Seiten langsam schön braun braten, drücke Zitronensaft darauf und gebe sie auf Gemüs oder mit einer Soße.

Aus: Vollständiges Bayerisches Kochbuch, 1865 (siehe S. 76).

Zweiten Vatikanischen Konzil wurde der Brauch durch die Aktion Misereor der deutschen Bischöfe 1976 wieder belebt. Alle zwei Jahre erstellt ein Künstler ein neues Hungertuch, das in Kopie in vielen Kirchen während der Fastenzeit aufgehängt wird, in der das Ersparte den Armen zukommen soll.

Fasten der Sinne

Neben den Formen von Verhüllung und Wiedersichtbarmachen gibt es noch andere Zeichen des Verzichts, die man ein Fasten der Sinne bezeichnen könnte. Ist es beim Essen und Trinken der Geschmackssinn, beim Verhüllen und beim Verzicht auf Blumenschmuck der Gesichtssinn, so fastet auch das Ohr, indem während der Fastenzeit die Orgel eigentlich gar nicht, wenn aber dann zur Begleitung des Gesangs erklingen soll. Während der eigentlichen Trauertage des österlichen *Triduums,* an Gründonnerstag, Karfeitag und Karsamstag schweigen auch die Glocken, der Volksmund sagt: Sie fliegen nach Rom, um in der Osternachtfeier zum Gloria wieder festlich zu läuten.

Fastenpredigt

In der 40tägigen Bußzeit werden an den (Vor-)Abenden der Sonntage etwa in Verbindung mit den sogenannten Ölbergandachten Predigtandachten gehalten. Im Gegensatz zur Homilie in der Meßfeier, deren Aufgabe es ist, den Gläubigen die Texte der Liturgie und der Heiligen Schrift zu erschließen, handelt es sich bei den Fastenpredigten um Buß- und Volkspredigten, die eine thematische Reihe bildeten, bei der aktuelle seelsorgliche oder theologische Fragen angesprochen werden.

Ein gewisses Vorbild für die Fastenpredigten sind die Taufkatechesen des Altertums. In den mittelalterlichen Städten waren Predigten während der Fastenzeit weithin täglicher Brauch. Zeitweise waren sie noch stark auf das Leiden Christi abgestellt. In Zeiten ohne elektronische Medien, Fernsehen, Buch und Zeitung hatten diese Predigten nicht nur Unterhaltungswert, sondern dienten einer umfassenden Information, der nicht nur religiösen (Fort-)Bildung und prägten sich den Menschen auch tiefer ein.

Fasten und Bier

Bier wird auch als flüssiges Brot bezeichnet. Es hat bis auf den Hopfen die gleichen Bestandteile wie das Grundnahrungsmittel Brot: Wasser, Getreide, Hefe. Wenn man es also kräftig und dick einbraute, konnte man davon satt werden. Dabei ist zu beachten, daß er Alkoholgehalt in früheren Zeiten beim Bier oft nicht so genau zu bestimmen war wie heutzutage. Auch heute noch wird ja das Bier nach dem Stammwürzegehalt, also sozusagen der Zuckerstärke und damit dem Energie- und Geschmacksträger im Bier bemessen. Ein alter kirchlicher Grundsatz besagt: *Liquida non frangunt ieiunium* (Flüssiges bricht das Fasten nicht). So konnte man mit Hilfe von Bier über die wochenlange Fastenzeit, in der wenig gegessen wurde, gut über die Runden kommen.

Lauch mit Mandeln in Pfannkuchen überbacken

... man nehme:

für die Pfannkuchen: 2 Eier, 4 gehäufte Eßlöffel Mehl, 1 Eßlöffel Olivenöl, je 1 Messerspitze Salz und Zucker, Milch, etwas Butter.

für die Füllung: 1 schöne, große Stange Lauch, 1 Tasse Joghurt, 2 Eßlöffel kräftige Gemüsebrühe (kann auch Instantbrühe sein), 1/2 Tasse gehobelte Mandeln, Salz, weißen Pfeffer.

zum Überbacken: 1 Tasse Joghurt, 50 Gramm geriebenen Parmesankäse, 3 Eßlöffel Olivenöl, Salz.

und dazu brauchst du:

eine kleine Rührschüssel, einen kleinen Schneebesen, eine kleine Bratpfanne, ein Schneidebrett, einen mittelgroßen Kochtopf und eine mittelgroße Rein oder Keramikform.

... und so geht's:

rühre aus den Eiern, dem Mehl, dem Olivenöl, Salz und Zucker in der kleinen Schüssel einen Teig, dem du solange Milch zugibst, bis dieser wie dicker Rahm aussieht. Backe in der kleinen Bratpfanne bei mittlerer Hitze mit etwas Butter 8 mittelgroße oder 12 kleine Pfannkuchen und stelle sie beiseite.

Putze den Lauch und entferne die Wurzeln und die dunkelgrünen Blätter. Schneide ihn in 5 Millimeter breite Ringe und wasche sie gut mit Wasser. Koche ihn in Salzwasser bei guter Hitze 15 Minuten. Gieße das Wasser ab und lasse den Lauch im Topf. Rühre die Mandeln, den Joghurt, die Gemüsebrühe dazu und schmecke mit Salz und gut weißem Pfeffer ab.

Lege nun einen Pfannkuchen nach dem anderen auf einen Teller und gebe von der Füllung darauf und mache Röllchen daraus. Tropfe in die Rein oder Keramikform etwas Olivenöl und verteile es auf dem Boden und streue etwas Salz und Pfeffer darüber. Lege die Röllchen in die Rein.

Zum Überbacken bereitest du nun einen Soße aus dem Joghurt, dem Parmesankäse (du hebst ein bißchen davon noch auf), dem Olivenöl, schmeckst sie mit Salz und weißem Pfeffer ab und verteilst sie auf den Pfannkuchenröllchen. Streue den restlichen Parmesankäse darüber und backe die Röllchen für 10 Minuten bei 200 Grad im Backofen, bis sie etwas Farbe bekommen.

... und dann:

bringst du die Rein oder die Keramikform auf den Tisch oder richtest 2 oder 3 Röllchen schön auf vorgewärmten Tellern an.

... übrigens:

kannst du an Stelle des Lauchs auch gut Wirsing oder Rosenkohl verwenden.

Hierher gehört auch die Geschichte von der Einführung des Doppelbocks. Im Zuge der Gegenreformation hatten die bayerischen Herzöge und späteren Kurfürsten verschiedene katholische Reformorden in ihr Land geholt. Darunter auch die Paulaner, ein Seelsorgeorden mit strenger Fastenobservanz. Mitten in die kirchliche Fastenzeit fiel aber der Festtag ihres Ordensgründers, des hl. Franz von Paula, am 2. April. Für diesen Feiertag im Kloster, der natürlich die Fastenzeit unterbrach, brauten sie herzoglich privilegiert ein Starkbier „Einböckischer Art“, wie es am Münchener Hofbräuhaus gesotten wurde, aber sie brauten es weit stärker: als Doppelbock. Sie nannten es zu Ehren des Ordensvaters „des heiligen Franz' Öl“ oder „Sankt-Vaters-Bier“. Seit dem Eintritt des später so berühmten Braumeisters Bruder Barnabas Still war es zu einem ebenso berühmten Bier geworden, zu dessen Anstich Kurfürst Karl Theodor jedes Jahr begrüßt wurde. Heute noch wird dem bayerischen Landesvater beim Salvator-Anstich (wie es dann noch frömmer hieß) von einem Paulanermönch – allerdings einem italienischen, denn in München gibt es keine Paulaner mehr – ein schäumender Maßkrug überreicht mit dem Spruch: *Salve Pater Patriae, bibas princeps optime!* Nach der Säkularisation und der Privatisierung der Paulanerbrauerei kamen auch andere Brauereien auf die Idee, in der Fastenzeit ein Starkbier zu brauen und auszuschenken, dessen Name ebenfalls auf „-ator“ endete. Beim Münchner Patentamt waren 1972 schon 120 solcher Namen eingetragen – von Triumphator, Optimator, Maximator bis zu solchen wie Vitaminator, Sufficator und Rariator. Auch Abt Hugo Lang von St. Bonifaz dachte damals daran, auf dem Heiligen Berg Andechs einen Benedicator auszuschenken.

Blühers Rechtschreibung der Speisen und Getränke, 1889

Für den, der die Antiqua-Schrift leicht lesen kann, eröffnet sich in alten Kochbüchern eine besonders liberale Art der Rechtschreibung. Das muß dem Leipziger Verleger P. M. Blüher sehr auf die Nerven gegangen sein. Also brachte er im Jahre 1889 ein alphabetisches Lexikon für die Rechtschreibung von Speisen und Getränken heraus. Die Nachfrage war so groß, daß die erste Auflage bereits nach kurzer Zeit vergriffen war. Der Verleger versuchte sogar Bücher zurückzukaufen, und zwar „unter jeder Bedingung“. Denn auch die vielen tausend Bestellungen trafen oft bei ihm mit dem Zusatz ein: „um jeden Preis“. „Selbst unvollständige oder stark beschmutzte Exemplare wurden im Buchhandel bei einem ursprünglichen Ladenpreis von nur 4 Mk. (gebunden) mit 20 Mk. und höher bezahlt.“ So geschrieben im Vorwort zur 2. Auflage, die 10 Jahre später, um 15.000 Begriffe erweitert, erschien.

Neben Vorschlägen für Speisenkarten, Weinlisten und Beispielen von groben Rechtschreibfehlern, findet sich auch eine Abteilung für Menüs, darunter 18 Fastenmenüs. Es ist, wie es sich für rechtschaffene Fastenmenüs gehört, kein Fleisch in den Speisenfolgen zu entdecken. Diese sind dafür aber um so umfangreicher und waren auch nicht für das einfache Volk gedacht und denkbar. Das gehobene Bürgertum und der niedrige und mittlere Adel fasteten auf diese Art. Da man fein war, wurde viel „auf Französisch parliert“, deshalb sind die folgenden Menüvorschläge zweisprachig gehalten.

Fasten-Menüs.

1.

Potage de poisson à la Bagration. — Oeufs farcis à la russe. — Filets de sole au vin blanc. — Petits pois au beurre. — Brochet au four, salade de pommes de terre, compote de poires. — Pouding de semoule. — Dessert.

Fischsuppe nach Bagration. — Eier mit Gemüse-Salat gefüllt. — Seezungenschnitten in Weißwein. — Grüne Erbsen in Butter. — Hecht im Ofen gebacken, Kartoffel-Salat, Birnen-Kompott. — Grieß-Pudding. — Nachtisch.

2.

Potage froid de bière aux quenelles de pain blanc. — Turbot à la hollandaise. — Omelette aux champignons. — Carottes à la crème. — Sandat frit, salade de laitues, compote de mirabelles. — Glace de crème à la framboise. — Dessert.

Bierkaltschale mit Semmelklößchen. — Steinbutt mit holländischer Sose. — Eierkuchen mit Tafel-Pilzen. — Mohrrüben mit Rahm. — Sander gebacken, Lattich-Salat, Mirabellen-Kompott. — Himbeer-Rahmgefrorenes. — Nachtisch.

3.

Potage au lait. — Oeufs brouillés aux truffes. — Turbot au gratin. — Haricots verts à l'anglaise, hareng. — Saumon grillé, salade de mâches, compote de pommes. — Riz à la Malte. — Dessert.

Milchsuppe. — Rührei mit Trüffeln. — Steinbutt verkrustet. — Grüne Bohnen auf englische Art, Hering. — Lachs geröstet, Rapünzchen-Salat, Apfelkompott. — Reis nach Malta-Art. — Nachtisch.

Blühers Sammel-Ausgabe von Gasthaus- und Küchen-Werken.
Band 26.

Hilfsbuch zum Meisterwerk der Speisen und Getränke.

Blühers
Rechtschreibung

der

Speisen und Getränke.

Alphabetisches Fachlexikon.

Französisch-Deutsch-Englisch
(und andere Sprachen).

Gegen 15000 Fachausdrücke mit Erklärung.

Muster von
Menüs, Speise- und Getränk-Karten.
Abhandlungen, Tabellen usw.

Zweite, gänzlich umgearbeitete Auflage.

Nebst einer Autotypie, einer Landkarte,
drei Holzschnitten und einer Zinkographie.

DICTIONNAIRE	DICTIONARY
des	of
Termes Culinaires.	Culinary Terms.

Leipzig.
Verlag von P. M. Blüher.
1899.

Fasten-Filous

von Klaus Wilhelm Gérard

Geschichten, wie das öffentlich notwendig darzustellende Fasten umgangen wurde, gibt es einige, und auch wenn sie nicht alle wahr sind, wurde das Fastengebot doch letztlich in noch viel größerem Umfang umgangen, als gelästert wurde. Wenn wir heute diese amüsanten Erzählungen hören, besonders, wenn es sich um klerikale Fastenbrecher handelt, sind wir nicht etwa entsetzt, sondern schmunzeln hämisch über deren Bauernschläue und über die Vielfalt der Tricks.

Um keine Langeweile an den Lustschlössern an der Loire aufkommen zu lassen, sorgte ein richtiggehendes Eventmanagement für immer aufwendigere und verrücktere kulinari-

Ausschnitt aus: James Gillary, Der Union-Club, 1801

Marinierte Zucchini

… man nehme:

3 mittelgroße Zucchini, Semmelbrösel, 1/4 Tasse Olivenöl, 5 Eßlöffel kräftige Gemüsebrühe (auch Instantbrühe), 1/2 Tasse geriebener Parmesankäse, Salz, schwarzen Pfeffer.

und dazu brauchst du:

ein Schneidebrett, eine mittlere Bratpfanne und eine mittelgroße Keramikform oder Rein.

… und so geht's:

schneide die Zucchini längs in mitteldicke Scheiben und salze sie. Wenn sie etwas Wasser gezogen haben, streue ein wenig Semmelbrösel darüber und brate sie ohne Fett bei guter Hitze in der Pfanne, bis sie etwas Farbe bekommen. Träufle Olivenöl auf den Boden der Keramikform oder der Rein und streue etwas Salz und Peffer darauf. Lege die gebratenen Zucchinischeiben schön gleichmäßig in die Form, bis der Boden bedeckt ist, streue Parmesankäse, Salz und Pfeffer und gib etwas Olivenöl darüber. Wer Knoblauch mag, kann in das Öl ein bißchen davon hineindrücken. Leg die Zucchini in die Form, bis alle Scheiben verwendet sind, und verteile den Rest des Käses und des Öls gleichmäßig auf der Oberfläche.

… und dann:

gibst du die Zucchini als Vorspeise in der Form auf den Tisch oder richtest auf Tellern schön an.

Reiche Weißbrot dazu, mit dem die Soße gut
aufgenommen werden kann.

…übirgens:

kannst du die Zucchini auch kalt oder lauwarm
servieren. Sie halten auch gut im Kühlschrank
für ein paar Tage und werden sogar immer besser. Darum ist es auch gut, gleich eine größere
Menge als oben angegeben zu machen.

Kartoffelwürste.

⅛ Kilo geräucherter Speck (in der Fastenzeit
weniger oder keinen, K. W. G.), vier so fein als
möglich gehackte Zwiebeln werden auf dem
Feuer goldgelb geröstet. Ein Pfund gesottene,
auf dem Reibeisen geriebene Kartoffeln werden
in eine Schüssel gethan, dann zerlassener Speck
dazu, ⅛ Liter Milch daran gerührt, zwei Eier
mit Salz beigegeben. Nun füllt man die Masse in
reine Bratwurstdärme mit dem Wurstrichter,
legt sie in kochendes Wasser, setzt sie auf das
Feuer, läßt sie langsam sieden, dann läßt man
Schmalz in einer Pfanne heiß werden, legt die
Würste mit einer handvoll Zwiebeln darein und
läßt sie gelb braten.

Aus: Münchener Kochbuch, 1893 (siehe S. 92).

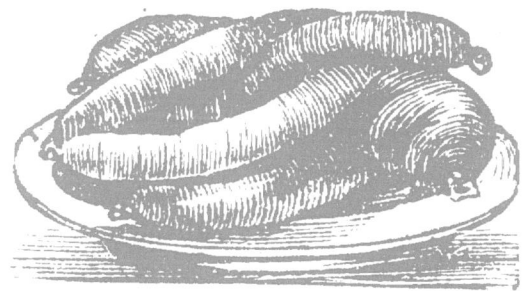

sche Gestaltungen der Festbankette und
Bälle. Haushofmeister wetteiferten darum,
ihre Herrschaft und deren Gäste immer wieder mit neuen und schier unvorstellbaren
Effekten zu verblüffen.

So wurden an Fastentagen Karpfen gekocht,
in kleine Stücke geschnitten, mit Gewürzen
und Fett vermischt und aus der gut gekneteten
Masse Hasen, Gänse und Schweine ge-
formt. Oftmals wurden sie in ein Gefieder
oder in ein Fell gesteckt oder mit Marzipan-
haut umhüllt und den Gästen präsentiert. In
Mäuler oder Schnäbel steckten die Diener
kurz vor dem Betreten des Saales eine Art
Wattebausch, der mit Äther getränkt und
angezündet wurde.

War der Kardinal bei einer derartigen At-
traktion zugegen, blickte die ganze Gesellschaft erschrocken auf diesen, dann auf den
Hausherrn, der ebenfalls erschrocken und
mit bösen Blicken auf die Dienerschaft sich
flugs bemühte, sich bei der kirchlichen Auto-
rität überschwenglich zu entschuldigen. Der
verantwortliche Koch wurde hereingerufen,
der unterwürfig und zerknirscht vor den er-
zürnten Kirchenmann trat. Ein Fürsprecher
verteidigte den armen Koch und sprach von
tage- und nächtelanger Arbeit, wodurch er
die Fast- und Fleischtage nicht mehr ausein-
anderhalten habe können. Es ging hin und
her. Der Kirchenmann zeigte sich unver-
söhnlich und gab dem Koch zur Buße auf,
umgehend und zur vollkommenen Strafe
und ewiger Verdammnis vor allen Gästen
von den Tieren zu essen. Widerwillig zog
der Koch das große, scharfe Messer aus der
Scheide und schnitt ein gutes Stück aus dem
rosaroten Schwein und aß es mit verzweifel-
tem Blick.

Da richtete er sich auf, seine Augen begann-
nen zu leuchten und er rief aus: „Ein Wun-
der, Eminenz! Kostet selbst!“. Der Kardinal

segnete das an der Messerspitze hinge-
streckte Stück Fleisch und roch daran. Sein
Blick wurde milde und er ließ ihn durch die
Gästeschar schweifen. „Wahrlich, es ist Fisch
– gesegnete Mahlzeit!" Damit war die Tafel
eröffnet und die auf dem Tisch aufgebauten
Speisen wurden tranchiert und den Gästen
auf die Teller gelegt. Ein gelungenes Fest
und – „fastengerecht".

Weniger korrekt war die umgekehrte Kreati-
vität in der „hohen Fastenküche". Schwein,
Wild und Geflügel wurden gekocht, entbeint
und das Fleisch zerkleinert. Mit Fett und Gewürzen zu einer formbaren Masse geknetet,
entstanden Karpfen, Forellen und Krusten-
tiere, die auf der Tafel schön angerichtet wurden. Das war ein bewußter, direkter und sehr
schelmenhafter Verstoß gegen das Fastengebot, der von wohl meist billigend in kauf genommen, oft sogar bübisch goutiert und mitunter ob seines Ideenreichtums bewundert
wurde. Üblich in diesen Zeiten war es, die
Speisen sehr stark zu überwürzen, was den
Eigenschmack der Speisen vollkommen unterdrückte. Alles schmeckte weder so richtig
nach Fisch noch so richtig nach Fleich.

Und da war noch die Geschichte von dem
Bischof, der gerne auf die Jagd ging und einen schönen Rehbock erlegte und diesen in
einen nahen Tümpel schieben ließ. „Siehe, er
schwimmt" rief der Bischof aus und taufte
den Bock auf den Namen „Karpfen".

Gratinierte Auberginen

… man nehme:

2 mittelgroße Auberginen, $^1/_2$ Tasse geriebenen
Parmesankäse, 1 kleingehackte Tomate,
5 Eßlöffel Olivenöl, Semmelbrösel,
Salz, schwarzen Pfeffer.

… dann brauchst du:

ein Schneidebrett, eine große Bratpfanne,
eine kleine Rührschüssel und eine mittelgroße
Keramikform oder Rein.

… und so geht's:

schneide die Auberginen in nicht zu dicke Scheiben und bräune sie in der Pfanne fettfrei ab, bis
sie teilweise Farbe bekommen (mit Fett gebraten
saugen sie sich sofort damit voll). Lege sie in die
Keramikform oder Rein, in die du ein wenig Olivenöl geträufelt und Salz und Pfeffer gestreut
hast. Vermische den Parmesankäse mit den Toma-
tenwürfeln und den 5 Eßlöffeln Olivenöl, verteile
die Masse auf den Scheiben, streue Semmelbrösel
darüber, salze und pfeffere etwas. Stelle die Form
in den vorgeheizten Backofen und warte, bis die
Oberhitze die Oberfläche goldbraun färbt.

… und dann:

bringst du die Form heiß auf den Tisch oder servierst die überbackenen Auberginen auf einzelnen Tellern.

… übrigens:

dieses Gericht kann bis zum Backen gut vorbereitet und im Kühlschrank aufbewahrt werden.

Kartoffelpfanzel.

Gekochte, geschälte und geriebene Kartoffel thue in eine Schüssel und rühre damit eine Kaffeetasse Toppen, 3 Eigelb, 1/4 Liter süße Milch, etwas Salz recht durcheinander. Das Weiße der Eier schlage zu steifem Schnee und rühre diesen ebenfalls langsam hinein, dann bestreiche das Backblech mit Butter oder Schweinefett, schneide von weißem Brot Schnitten, tauche diese in Milch, lasse sie abtropfen und belege das aufgestrichene Blech damit, fülle dann obige Masse dazu und lasse sie im Ofen langsam backen. Diese Pfanzel müssen recht heiß serviert werden.

Aus: Münchner Kochbuch, 1893 (siehe S. 92).

Kartoffelpfanzel, billige leichte Art.

Übrige gekochte Kartoffel werden auf dem Reibeeisen gerieben, gesalzen, mit etwas Mehl und einem Ei vermischt und zu einem Teig bearbeitet. Aus dieser Masse forme runde, handgroße Plätzchen, welche in einer Pfanne mit etwas Schmalz herausgebacken werden.

Aus: Münchner Kochbuch, 1893 (siehe S. 92).

Fasten und Askese

von Pater Anselm Bilgri

Fasten ist kein Selbstzweck. Es ist ein asketisches Mittel und als solches Einübung in das geistliche Leben und in die Menschwerdung. Das Ziel jeder Askese ist die Begegnung mit Gott. Auf dem Weg zu Gott erfährt der Mensch Hindernisse, die in der eigenen Natur liegen. Der Mensch aus sich heraus hat nicht das richtige Maß. So muß er sich in der Askese Grenzen setzen, auf Wünsche und Befriedigung von Bedürfnissen verzichten, deren grenzenlose Erfüllung ihm schaden und ihn Gott gegenüber verschließen würde. Nicht die Vollkommenheit, sondern die Begegnung mit Gott ist das Ziel jeder Askese. Sie befreit den Menschen von der Herrschaft der Leidenschaften, damit er eins werden kann mit Gott auf dem Grund seiner Seele.

Askese wird noch oft falsch verstanden, als kämpfe man nicht mit den Leidenschaften, sondern gegen sie. Man möchte sie überwinden, abschneiden. Doch damit kämpft man gegen seine eigene Triebstruktur und wird seiner Natur nicht gerecht. Askese kann dann zu eine Art Verdrängungsapparat werden, der dann oft zu seelischer Sterilität und letztlich in die Krankheit führt. Je mehr ein Mensch seine Triebe verdrängt, desto stärker wirken sie im Unbewußten und beherrschen ihn von dort, z.B. in einem neurotischen Syndrom oder in einer Krankheit.

Die Mittel der Askese sind seit alters Fasten, Wachen, Beten, Meditation, Schriftlesung, Schweigen, Handarbeit, Schlafentzug, Beobachtung der Gedanken und Aussprechen der Gedanken und Gefühle gegenüber einem Geistlichen Begleiter.

Münchner Kochbuch, 1893

Das Münchner Kochbuch von Therese Bruckbräu aus dem Jahre 1893 beschrieb den „bürgerlichen und feineren Tisch mit besonderer Berücksichtigung der Münchener Spezialitäten". Es ist anzuzweifeln, daß der nachstehende Text wirklich eine Münchener Spezialität ist, auch wenn mittags ein bis zwei Gläser leichter Weißwein vorgeschrieben und bei der Mahlzeit Wasser zu trinken verboten wird; dafür abends aber 20.000 bis 25.000 Schritte zu tun und zwei- bis dreimal wöchentlich ein Bad mit Zusatz von 2 kg Soda zu nehmen!

Speisezettel für Fettleibige.

„Frühzeit, im Sommer um 5 Uhr, im Winter um 6 Uhr: Trinken von 1 Glas (¹⁄₄ Liter) kaltem Wasser oder Selterswasser, dann 1 Stunde spazieren gehen. Hernach Frühstück: eine Tasse Thee mit Milch ohne Zucker, 50 Gr. Zwieback und 25 Gr. kaltes mageres Fleisch; Schinken, Roastbeef oder Kalbfleisch. Kein zweites Frühstück. Vormittags 2 bis 3 Mal wöchentlich ein Bad von 25 ° R mit Zusatz von 2 Kilo Soda, von 15 Min. Dauer mit nachfolgender kalter Regendouche. Wenn Herz und Gefäße vollkommen gesund sind, 2 bis 3 mal wöchentlich Dampfbad mit nachfolgender kalter Abreibung. Mittagsmahlzeit: eine Tasse nicht fetter Fleischbrühe, ein magerer Rinder- oder Kalbsbraten oder Geflügel (200 Gr.) mit Gemüse: Spinat, Blumenkohl, etwas (25 Gr.) Weißbrod, im Sommer frisches Obst, etwas (1 bis 2 Weingläser) leichter Weißwein. Während der Mittagsmahlzeit kein Wasser trinken! Nach dem Essen nicht schlafen! Nachmittags um 4 oder 5 Uhr: eine Tasse Thee oder Kaffee mit etwas (20 Gr.) Zwieback. Abends: Braten kalt oder warm, 150 bis 200 Gr. mit Weißgebäck (20 Gr.). Den Tag über fleißige Bewegung, im Ganzen stehend bis zu 20,000 oder 25,000 Schritten täglich. Vor dem Schlafengehen: ein Glas kaltes Wasser (oder Selterswasser) trinken; dann kalte Waschung und Abreibung des ganzen Körpers."

Speisezettel
an Freitagen und Quatembertagen
für die einfache bürgerliche Küche

1) Mittags: Erbsensuppe, Dampfnudel in Hagebuttensauce gekocht.
   Abends: Emmenthalerkäs, Butter, Bier.
2) Mittags: Brennsuppe, Eierhaber m. gekocht. Zwetschgen.
   Abends: Ganze Kartoffel mit Butter.
3) Mittags: Kartoffelsuppe, Obstkuchen.
   Abends: Heringssalat, hartgesottene Eier, Käse.
4) Mittags: Einbrennsuppe, Rohrnudel, Vanillemilch.
   Abends: Ochsenaugen, Rühreier.
5) Mittags: Zwiebelsuppe, Backfische und grünen Salat.
   Abends: Anquilotti, im Sommer Rettig und Butter.

Diese Speisen sind im Vergleich mit den sonstigen Raffinement der Rezepte im Münchner Kochbuch sehr karg. Daraus eine Fastensuppe und zur Freude des mentalen Gaumens zwei raffinierte Fastenspeisen:

Schneckensuppe

„Fünfundzwanzig Stück Schnecken werden in siedendem Salzwasser gekocht, dann aus ihren Häusern genommen, die Schweife beseitigt und das Uebrige fein gewiegt, in 100 Gr. Butter mit etwas feingewiegter Petersilie geröstet, dann mit zwei Kochlöffel Mehl angestaubt, mit heißer Fastenwurzelbrühe aufgefüllt, gut ausgekocht, mit 2 Eiern legirt und über gebähtes Weiß-Brod angerichtet.“

Haché von Fröschen mit Morcheln.

„Sobald den Froschschenkeln die Zehen abgeschnitten sind, werden sie mit heißem Wasser begossen und zugedeckt eine Viertelstunde stehen gelassen, dann abgeseiht und nachdem sie gut abgelaufen sind, alles Fleisch von den Beinchen geschabt und nicht sehr fein gewiegt. Nach diesem wird eine Hand voll Morcheln mehreremal gewaschen und siedend angebrüht, abgegossen und in runde Scheibchen geschnitten, Petersilie wird mit einigen Schalotten und einem Stückchen Citronenschale fein gewiegt; ein Stück Butter läßt man gelb werden, röstet einen kleinen Kochlöffel Mehl hellgelb und nachdem es etwas abgedämpft, auch die Frösche und dünstet alles zusammen eine Viertelstunde, gießt ein Gläschen Wein daran, Citronensaft, Muskatnuß und Pfeffer und wenn das Hache noch zu dick sein sollte, wird mit etwas Fleischbrühe nachgeholfen, jedoch muß es dick sein und wird erst über dem Anrichten gesalzen. Man gibt dazu Goldschnitten oder abgetrocknete Klößchen.“

Schnecken in ihren Häuschen

„Fünfzig Schnecken werden in siedendem Salzwasser dreiviertel Stunden gekocht, dann mit einer Gabel herausgehoben und der weiße Stein und die schwarze Haut entfernt. Alsdann mit Salz abgerieben, mit kaltem Wasser einigemal abgewaschen, in einer Schüssel leicht gesalzen und eine Stunde lang das Salz durchdringen lassen. Die Häuschen werden mit Salz abgerieben, gut ausgewaschen auf ein Brett gestürzt, damit das Wasser herausläuft. Dann werden Sardellen, je nach der Zahl der Schnecken, Petersilie und eine kleine Zwiebel ganz fein gewiegt, ein Stückchen Butter schaumig abgerührt, von einer Semmel die Brösel, das Gewiegte, sowie zwei Eßlöffel fette Fleischbrühe dazu gegeben und alles gut durcheinander gerührt. In jedes Schneckenhäuschen gibt man haselnuß große Butter, legt eine Schnecke darauf und drückt sie mit der Fülle fest ein, so daß das Schneckenhaus ganz ausgefüllt ist. Sie werden dann gleichmäßig, die Oeffnung nach oben gekehrt, auf ein Blech gestellt und eine Viertelstunde gebraten. NB. Zu fünfzig Schnecken rechnet man 15 Sardellen und 100 Gramm Butter.“

Fasten nach der Benediktsregel

von Pater Anselm Bilgri

Benedikt von Nursia schreibt seine Regel für das von ihm gegründete Kloster Montecassino der Überlieferung gemäß um das Jahr 529. In diesem Jahr schloß die Philosophen-Akademie in Athen, die etwa 1000 Jahre vorher von Platon gegründet worden war, ihre Pforten. Sie galt sozusagen als die Eliteuniversität des Heidentums und war durch die Christianisierung des Reiches obsolet geworden. Damit ging die heidnische Antike zu Ende und das christliche Mittelalter hob an, das zumindest in der ersten Hälfte ganz wesentlich vom Mönchtum und dann von dessen benediktinischer Form geprägt wurde. Gerade Benedikt gelang es mit seiner Regula die antike Kultur mit der christlichen Religiosität zu verbinden. Gleichzeitig mildert er in seiner Regel die frommen Hochleitungen der orientalischen Mönchsväter ab und macht sie so für breite Schichten in Mitteleuropa lebbar.

Dies betrifft auch die Fastenpraxis im Kloster.

Nudeltorte mit Räucherlachs und gleicher Soße

… man nehme:

für die Torte: 200 Gramm gekochte Eiernudeln, 2 Eier, 2 gehäufte Eßlöffel Mehl, 100 Gramm Räucherlachs in Scheiben, Salz, weißen Pfeffer und Butter zum Herausbacken.

… und für die Soße:

50 Gramm Räucherlachs, 2 Tassen Joghurt, 2 Eßlöffel kräftige Gemüsebrühe, Salz und weißen Pfeffer.

… und dazu brauchst du:

ein Schneidebrett, eine mittelgroße Rührschüssel, eine mittelgroße Bratpfanne, einen kleinen Kochtopf, einen Mixer oder Pürierstab.

… und so geht's:

die Torte: schneide den Räucherlachs in mittelgroße Stücke. Verrühre die Eiernudeln mit den Eiern, dem Mehl und gib den Lachs dazu. Schmecke mit Salz und Pfeffer ab. Lasse die Butter in der Bratpfanne zerschleichen, lege die Masse hinein und drücke sie mit einem großen Löffel etwas an. Nach 10 Minuten bei kleiner bis mittlerer Hitze Backzeit drehst du sie um und bäckst nochmals an die 10 Minuten. Sie soll bis dann ein wenig goldfarben geworden sein.

Die Soße: Püriere den Räucherlachs zusammen mit dem Joghurt und der Gemüsebrühe im kleinen Kochtopf und schmecke die Soße mit Salz und weißem Pfeffer ab. Erhitze sie vorsichtig und halte sie warm.

... und dann:

nimmst du die Torte aus der Pfanne und schneidest sie in 8 Teile. Gib von der Soße auf die vorgewärmten Teller und richte je zwei Tortenstücke schön darauf an.

... übrigens:

kannst du statt des Räucherlachses auch anderen Räucherfisch verwenden.

Fastenschunken=Nudeln.

Man machet Nudeln von gewöhnlicher Art; alsdann einen Kreem von sauern Rahm, nimmt wenig Mehl, Eier, kleingeschnittenen geselchten Fisch, die Nudeln und Parmasankäse dazu, verrührt, nachdem man gesalzen hat, alles sehr gut, und läßt es im Ofen backen.

Aus: Allerneuestes Kochbuch für Fleisch- und Fasttäge, 1804
(siehe S. 44).

Das Kapitel 49 der Benediktsregel „über die Beobachtung der vierzigtägigen Bußzeit" ist sozusagen eine Zusammenfassung der Fastenlehre des großen abendländischen Mönchsvaters:

1. Der Mönch soll zwar immer ein Leben führen wie in der Fastenzeit.
2. Dazu aber haben nur wenige die Kraft. Deshalb raten wir, dass wir wenigstens in diesen Tagen der Fastenzeit in aller Lauterkeit auf unser Leben achten
3. und gemeinsam in diesen heiligen Tagen die früheren Nachlässigkeiten tilgen.
4. Das geschieht dann in rechter Weise, wenn wir uns von allen Fehlern hüten und uns um das Gebet unter Tränen, um die Lesung, die Reue des Herzens und um Verzicht mühen.
5. Gehen wir also in diesen Tagen über die gewohnte Pflicht unseres Dienstes hinaus durch besonderes Gebet und durch Verzicht beim Essen und Trinken.
6. So möge jeder über das ihm zugewiesene Maß hinaus aus eigenem Willen in der Freude des Heiligen Geistes Gott etwas darbringen (1 Thess 1,6);
7. er entziehe seinem Leib etwas an Speise, Trank und Schlaf und verzichte auf Geschwätz und Albernheiten. Mit geistlicher Sehnsucht und Freude erwarte er das heilige Osterfest.
8. Was aber der Einzelne als Opfer bringen will, unterbreite er seinem Abt. Es geschehe mit seinem Gebet und seiner Einwilligung;
9. denn was ohne Erlaubnis des geistlichen Vaters geschieht, wird einmal als Anmaßung und eitle Ehrsucht gelten und nicht belohnt.
10. Also werde alles mit Einwilligung des Abtes getan.

Benedikt ordnet den Verzicht (*abstinentia*) in den Zusammenhang von Gebet, Lesung und Bußgesinnung ein. Wichtig ist ihm die Freude des Heiligen Geistes, die die besonderen Verzichts- und Frömmigkeitsübungen der Vorbereitungszeit auf das „heilige Osterfest" begleiten soll, damit dieses höchste Fest der Christenheit mit geistlicher Sehnsucht erwartet werden kann. Der hl. Benedikt betont in diesem Zusammenhang die Freude. Das Wort *gaudium* kommt im Fastenkapitel gleich zweimal vor. Gleich zu Beginn meint Benedikt, daß das ganze Mönchsleben von dieser Haltung geprägt sein soll. Damit nicht der geistliche Hochmut und das Vertrauen auf die eigene asketische Leistung, aber auch keine übertriebenen und unvernünftigen Vorsätze das Fasten ins genaue Gegenteil verkehren, sind diese dem Abt vorzulegen und von ihm gutzuheißen. In manchen Klöstern wird dazu die „Fastenschedula" verwendet (siehe S. 125).

Fasten und Schweigen

„Er verzichte auf Geschwätz und Albernheiten." (Kap. 49, Vers 7)
Die Schweigsamkeit gehört zu den hervorragenden Grundzügen des Mönchtums. Sie ist auch wiederum nicht Selbstzweck, sondern soll im Verzicht den Wert der Kommunikation sichtbar machen. Damit hängt Schweigen mit Gehorsam zusammen. Diese Tugendhaltung des Gehorsams, durch seine Überstrapazierung im militärischen Kontext heute negativ besetzt, hat ursprünglich einen ganz positiven Inhalt. Es bedeutet nichts anderes als die Haltung des aufmerksamen Hinhörens auf die Weisung Gottes, die mir in vielfältiger Weise begegnet, im Wort der

Gebratener Thunfisch in Ingwer mariniert

... man nehme:

200 Gramm frischen (rohen) Thunfisch (dicke Scheiben), 50 Gramm eingelegten, feingeschnittenen Ingwer (im Beutel mit Soße), Salz, schwarzen Pfeffer, Semmelbrösel. Ein schönes Stück Butter zum Braten.

... und dazu brauchst du:

ein Schneidebrett, eine mittelgroße Rein oder Keramikform zum Marinieren und eine große Bratpfanne.

... und so geht's:

du schneidest die dicken Thunfischscheiben quer in kleinfingerdicke Scheiben. Träufle in die Rein oder Keramikform zwei Teelöffel von der Ingwermarinade, mahle etwas Pfeffer und streue etwas Salz auf den Boden. Lege die Thunfischscheiben dicht nebeneinander hinein, salze und pfeffere die Oberfläche gut. Dann schneidest du die feinen Ingwerscheiben in ganz kleine Würfel, verteilst sie auf dem Fisch und gibst die restliche Marinade darüber. Stelle den Fisch für eine Stunde in den Kühlschrank und lasse ihn ziehen.

Lasse in der Bratpfanne die Butter heiß werden, aber achte darauf, daß sie nicht verbrennt. Nimm den Fisch aus der Marinade, streue beidseitig etwas Semmelbrösel darauf und lege die Scheiben in die heiße Butter für kurze Zeit und wende sie, wenn sie an der Unterseite Farbe angenommen haben. Gib die restlichen Ingwerstücke und Marinade in die Pfanne.

... und dann:

brätst du alles noch kurz – der Fisch sollte noch innen rosa sein, sonst wird er trocken – und richtest die Scheiben mit der schönen Seite nach oben sofort auf den vorgewärmten Tellern recht hübsch nebeneinander an und verteilst den Ingwer und die Soße auf dem Fisch.

... übrigens:

kannst du auch einen festen Salat wie Rucola, Radicchio oder Feldsalat schön geputzt und klein geschnitten auf den Tellern verteilen und den Thunfisch darauflegen. Ein anderer, schöner Serviervorschlag: röste oder toaste soviele dünne Weißbrotscheiben, wie du Fischscheiben hast, richte sie auf den Tellern an und lege den Fisch darauf.

Heiligen Schrift, im Wort des Abtes, der ja im Kloster die Stelle Christi vertritt, im Wort des konkreten Mitbruders, Gastes, Pilgers, Kranken ...

Fasten ist mehr als Diät, und so ist Schweigen, als Verzicht auf Kommunikation eine wichtige Dimension dieser Abstinenz, die ja den ganzen Menschen mit Leib und Seele umfaßt. Indem ich schweige, suche ich bei mir selbst zu verweilen, gebe mir damit die Chance, Situationen neu auf mich wirken zu lassen, deutlicher zu hören, was der Anruf des Augenblicks (des *Kairos*) ist.

Für den Christen heißt Schweigen also, Gott die Chance zu geben, in meinem Leben zu Wort zu kommen. Damit kann mein Leben einen neuen Impuls, eine neue Richtung bekommen.

Schweigen heißt auch sensibler werden für das Hineinhören in mich selbst. Meine eigenen Bedürfnisse und Ärgernisse kann ich dann eher wahrnehmen und ihnen nicht ausweichen.

Schweigen ist auch eine Form des Fastens in der Distanzierung von den alltäglich zu treffenden Entscheidungen. Die Verpflichtung, ständig auf Situationen zu reagieren, kann dadurch reflektiert und bewußter gemacht, damit aber auch erleichtert werden. Ich bekomme die Möglichkeit, einen Schritt zurückzutreten und die jeweilige Situation in einem neuen Licht erscheinen zu lassen.

Fasten und Gebet

„Gehen wir also in diesen Tagen über die gewohnte Pflicht hinaus durch besonderes Gebet …" (Kap. 49, Vers 5)

Als Motto der Benediktiner gilt *Ora et Labora* – bete und arbeite. Das tägliche gemeinsame Gebet und das private Beten prägen tatsächlich das Leben im Kloster. Die Gebetszeiten geben dem Tag den Rhythmus und dem Einzelnen die Gelegenheit, sich unter tags immer wieder auf den Urgrund des Daseins, auf Gott, zu besinnen.

Beten ist eigentlich mehr als ein rein geistiges Tun. Dies wird deutlich durch die verschiedenen Körperhaltungen, die von jeher mit dem Gebet verbunden werden: Hände falten oder öffnen, Arme ausbreiten, mit bedecktem oder unbedecktem Haupt Stehen, Verneigen, Knien, sich niederwerfen, sich bezeichnen …

So ist auch Fasten eine Form des Betens mit dem Leib, mit ganzem Herzen. Pater Anselm Grün sagt: Fasten ist der Schrei des Leibes zu Gott.

Damit intensiviert das Fasten auch das Gebet. In der Tradition wird das vor allem beim Fürbittgebet empfohlen. Das ernsthafte und ganzheitliche Beten für jemand anderen bleibt nicht im Kopf, ich stehe vor Gott für denjenigen, für den ich bete, mit meiner ganzen Person, mit Leib und Seele. Dabei bleibt es nicht distanziert, sondern kann zu einem unmittelbaren Nachvollziehen und Mitfühlen mit demjenigen führen, für den ich bete und faste.

Kartoffelbrei. Kartoffelpürée. Kartoffelmus.

1.

Rohe Kartoffel werden geschält in 4 Teile verschnitten und in Salzwasser gesotten, dann läßt man sie ablaufen, treibt sie durch ein Haarsieb, vermengt dieses mit kochender Milch und übergießt den Brei mit gerösteten Brotbröseln oder gerösteten Zwiebeln.

2. Andere Art.

Rohe Kartoffel werden geschält, in feine Blätter geschnitten, gewaschen, mit soviel Milch, daß sie zur Hälfte an denselben heraufgeht, auf schwaches Feuer gesetzt und weich gedämpft. Nun werden sie fein verrührt oder durch ein Sieb getrieben, hernach in die Pfanne zurückgebracht, etwas Salz, weißer Pfeffer und ein Stück Butter dazu gethan und mit kochender Milch bei schwachem Feuer dick aufgekocht. Recht acht geben, damit es nicht anbrennt.

3. Andere Art.

Rohe, weichgekochte, geschälte Kartoffel treibt man durch ein Sieb. Siede dann Milch mit etwas Butter in einer Messingpfanne und rühre die Kartoffel langsam hinein zu einem dicken Brei, der dann recht schaumig gerührt wird und aufgehäuft auf die Platte kommt, um hierauf mit gerösteten Brotbröseln oder Zwiebeln bestreut zu werden.

Aus: Münchner Kochbuch, 1893 (siehe S. 92).

Gebackener Kartoffelbrei.

Richte schon beschriebenen Brei und bestreiche mit Butter oder Schmalz eine Platte, auf welche dieser Brei kommt, diesen belege man dann auch oben mit Butterblättchen, welche dann wieder mit Brotbröseln bestreut werden und backe dann dieses schön gelb im Rohr.

Kartoffelbrei mit Käs.

Rohe, geschälte, in 4 Theile verschnittene Kartoffel werden in Salzwasser gekocht, auf ein Sieb gelegt und durch dieses, sobald sie abgelaufen, gedruckt. In eine Messingpfanne kommt ein Stück Butter, 1/4 Kilo geriebener Käs, obige Masse und etwas Milch, dieses alles tüchtig recht schaumig am Feuer durcheinander gerührt. Hierauf eine Platte gestrichen, welche dann noch am Rand mit gebackenen Brodabschnitten garniert wird und so serviert.

Kartoffelbrei für Vegetarier.

Die roh geschälten und zerschnittenen Kartoffel werden in Wasser weich gekocht, durch ein Sieb getrieben und mit Milch durchgerührt; dann fügt man Salz und ein wenig frische Butter dazu, bringt den Brei wieder zum Kochen und vermischt ihn mit 2 in Milch gequirlten Eidottern.

Aus: Münchner Kochbuch, 1893 (siehe S. 92).

Fasten und Lesung

„Dies geschieht dann in rechter Weise, wenn wir uns um … die Lesung … mühen." (Kap. 49, Vers 4)

Meist wird diese wichtigste Säule des Mönchtums übersehen: die *lectio divina*. Dieser Ausdruck ist schwer zu übersetzen, da er ganz von den antiken Lesegewohnheiten ausgeht. Am besten müßte man sagen: „lesende Beschäftigung mit göttlichen Dingen". Damals gab es im Gegensatz zur heutigen Papier- und Informationsflut nur wenig Geschriebenes und Wenige konnten es lesen. So galt noch im Hochmittelalter die hl. Elisabeth von Thüringen als eine gebildete Frau, weil sich in ihrem persönlichen Besitz drei Bücher befanden. Man las in der Regel laut, auch wenn man alleine war, auch um das Gelesene durch Hören oder Mithören allmählich auswendig zu lernen. Das 48. Kapitel der Benediktsregel geht von dieser Praxis aus, wenn es bestimmt: „Nach dem Mittagsgebet und der Mahlzeit sollen die Mönche unter völligem Schweigen auf ihren Betten ruhen. Will aber einer für sich lesen, dann lese er so, daß er keinen anderen stört." Dies galt natürlich vor allem für die Texte der Heiligen Schrift. Diese, vor allem die Psalmen, wurden von den Mönchen ständig

auswendig wiederholt, so daß vom Wiederkäuen des Gotteswortes, der „ruminatio" gesprochen werden konnte. Dies bedeutete: auf
eigene Worte wird verzichtet, Gott soll im
Herzen zu Wort kommen. Deshalb war auch
die Fastenzeit eine Zeit besonders intensiver
lectio divina. Benedikt bestimmt für sein Kloster: „In den Tagen der Fastenzeit sollen sie
vom Morgen bis zum Ende der dritten
Stunde (ca. 10 Uhr) für ihre Lesung frei sein.
In diesen Tagen der Fastenzeit erhält jeder einen Band der Bibel, den er von Anfang bis
Ende ganz lesen soll. Diese Bände werden zu
Beginn der Fastenzeit ausgegeben". Diese
heilige Lesung ist die ursprünglichste Form
christlicher Mystik, Aszetik und Spiritualität.
Ein Kartäusermönch des 12. Jahrhunderts
namens Guigo, beschreibt die Praxis der *lectio
divina* folgendermaßen:

– erste Stufe: *lectio* (Lesung).
 Die ausgewählte Bibelstelle, die nicht zu
 lange sein soll, langsam und aufmerksam
 lesen.
– zweite Stufe: *meditatio* (auswendig lernen).
 Dabei den Text verinnerlichen und beim
 „Wiederkäuen" das Wesentliche entdek-
 ken.
– dritte Stufe: *oratio* (Gebet).
 Das Herz zu Gott sprechen lassen. Durch
 die vorhergehenden Stufen ist unsere Antwort vom Nachdenken über Gottes Wort
 erfüllt. Sie wird zu einem biblisch gepräg-
 ten Gebet.
– vierte Stufe: *contemplatio* (Betrachtung).
 Eigene Bilder, Ideen, Pläne und Beobach-
 tungen loslassen, den biblischen Bildern,
 Worten und Gedanken Raum geben.
 Einfach in Gottes Wort ruhen. Auf dem
 Grund unseres Herzens auf Gott lau-
 schen, der mit ruhiger, leiser Stimme in
 uns spricht.

Fischfilet mit Kartoffeln und Oliven

... man nehme:

250 Gramm Fischfilet (Goldbarsch, Viktoriabarsch
oder ähnlichen), 250 Gramm Kartoffeln,
1 Stamperl Olivenöl, 1 Messerspitze gehackten
Knoblauch, Semmelbrösel, 2 grob gehackte
Tomaten, 1 Tasse schwarze Oliven,
einen gestrichenen Teelöffel getrockneten
Rosmarin und, wenn vorhanden,
1 oder 2 Zweiglein frischen Rosmarin,
Salz und schwarzen Pfeffer.

... und dazu brauchst du:

ein Schneidebrett, einen mittelgroßen Kochtopf,
eine große Bratpfanne und eine große Rein
oder Keramikform.

... und so geht's:

schäle die Kartoffeln, wasche sie und schneide sie
in walnußgroße Stücke. Koche sie in Salzwasser
15 Minuten – sie sollen noch nicht ganz gar sein
– gieße das Wasser ab und stelle sie beiseite.
Schneide den Fisch in ebenso große Stücke wie
die Kartoffeln und salze sie etwas vor und streue
etwas Semmelbrösel darüber. Lasse in der Bratpfanne das Olivenöl so heiß werden, daß es noch
nicht dampft und brate den Fisch mit dem Knoblauch und dem Rosmarin, bis alles etwas Farbe
bekommt. Gehe auf kleine Hitze, gib die Toma-
tenwürfel und die Oliven dazu und lasse sie ein
paar Minuten dünsten und rühre schließlich die
Kartoffeln dazu. Schmecke mit Salz und gut
schwarzen Pfeffer ab, gib den Inhalt der Pfanne in

die Rein oder die Keramikform, streue noch etwas Semmelbrösel darüber und backe alles 10 Minuten bei 200 Grad im Backofen.

... und dann:

bringst du die Rein oder die Keramikform auf den Tisch oder servierst auf Tellern.

... übrigens:

Fisch und Käse zusammen ist zwar nicht jedermanns Sache. Aber kurz bevor alles fertig ist könntest du Parmesankäse darüberstreuen, alles noch ein paar Minuten im Rohr backen lassen und erst dann servieren.

Abgetriebene Krebsknödeln.

Die Krebsen werden sauber ausgewaschen, und abgesotten, die Schweifeln ausgelöset, und von den Schalen ein halb Pf. Krebsbutter gemacht, von diesem Butter behaltet man etwas zurück, man treibt den übrigen Butter ab, schlägt 6 Eyer daran, giebt darunter für 2 Kr. ein wenig in Milch eingeweichte Semmelbröseln, die klein geschnittenen Krebsschweifeln, und 1 Loth grün gestiftelte Pistazen. Man treibt alles gut untereinander ab, macht daraus Eygroße Knödeln, gießt gliedhoch Milch in die Rein, und giebt den übrig gebliebenen Butter darein, legt, wenn die Milch siedet, die Knödeln hinein, macht unten und oben Glut, daß sie saftig bleiben, und zuckert sie hernach.

Aus: Mein eigenes geprüftes Kochbuch, 1799 (siehe S. 30).

Während dieses Hinhörens kann Stufe um Stufe eine Umgestaltung in uns Platz greifen.

Diese Umgestaltung *(conversio)* hat Auswirkungen auf das Beten und Leben: Gottes Wort hören und tun. Der große Theologe Karl Rahner sagt es so: Der Mensch kann sich in seiner tiefsten Existenz als Hörer des Wortes Gottes erfahren.

Die Stufen der *lectio divina* sind keine festgelegten Gesetze, sondern Wegmarken, wie sich ein innerliches Gebet entwickeln kann. Das Ziel ist, zu einer größeren Einfachheit zu gelangen, weniger zu reden, mehr zu hören, aufmerksam zu horchen, im Wort zu ruhen.

Diese uralte ursprünglich christliche Methode der *lectio divina* ist eine Form des Fastens, die es ermöglicht, mit und in der Bibel zu beten. Die war und ist für Generationen von Ordensleuten eine fruchtbare Quelle, um in der Beziehung zu Christus zu wachsen.

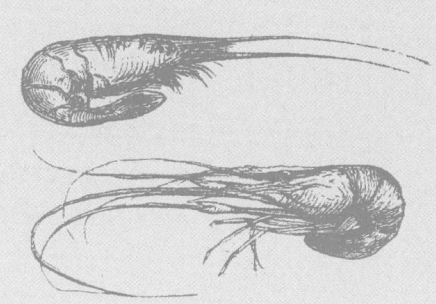

Kochbücher aus dem 18. Jahrhundert bis in die Mitte des 19. Jahrhunderts beinhalteten, wie schon erwähnt, Rezepte für Fleischtage und Fasttage. Der gravierende Unterschied war die Fleischlosigkeit der Fastenrezepte. Die Fastenrezepte waren folgerichtig nicht sehr kräftig, weder vom Inhalt noch vom Geschmack, da das tierische Fett vollständig fehlte. Fett ist der Hauptgeschmacksträger, und dabei denke man bitte nicht nur an Hammelfett. Reine Fastenkochbücher sind selten. Kochbuchautoren wollten ihren Lesern immer eine möglichst umfassende Darstellung des eigenen Wissens bieten. Ein Buch zu besitzen war damals etwas Besonderes und Teures. Da mußte schon eines genügen. Heute haben wir die Bücherregale voll mit Kochbüchern zu allen möglichen Themen. Spezialisten gab es früher nur wenige. Die Autorin Marie Buchmeier war eine davon. Vor ihrem Fasten- Kochbuch hat sie sich mit einem Kartoffel-Kochbuch und ihrem Pilz-oder Schwammerl-Kochbuch bewährt.

Marie Buchmeier, Herrschaftsköchin.

In den den vergangenen drei Jahrzehnten haben die Menschen beim Einkaufen nicht gefragt, woher das jeweilige Produkt kommt. Es gab fast immer alles. Spargel im November, Erdbeeren im Januar, Austern auch in Monaten ohne „r". Langsam kommt wieder das Bewußsein, Produkte dann zu verwenden, wenn sie die Natur in der Heimat hergibt. Früher stellte sich diese Frage gar nicht, denn es gab nur das, was es um das Haus herum gab und davon auch nicht immer genügend. Deshalb wurde auch alles, was irgendwie genießbar war, in der Küche verarbeitet. Auch Schnecken, die eine mehr als zweckmäßige Fastenspeise waren:

210. Gedämpfte Schnecken.

Nachdem die Schnecken wie vorstehend gewaschen, gereinigt, geputzt und in Salzwasser abgekocht sind, gibt man in einen Tiegel ein Stückchen Butter, läßt ihn zerschleichen, gibt die Schnecken mit einer fein geschnittenen Zwiebel, einem Eßlöffel voll gewiegter Petersilie, Salz und Pfeffer dazu und läßt sie eine Stunde dämpfen. Dann schlägt man zwei bis drei Eier ab, verrührt selbe so lange mit den Schnecken, bis sich die Eier zusammengezogen haben, und richtet sie dann auf einer Platte an.

Wie schon erwähnt, waren Fastengerichte und besonders Fastensuppen nicht sehr schmackhaft und nährend. Um 1850 hatte Julius Liebig den gleichnamigen Fleischextrakt erfunden und auf den Markt gebracht. Maggi zog ein paar Jahrzehnte später mit der Maggi-Suppenwürze nach. In den Kochbüchern aus dieser Zeit wer-

den diese Geschmacks-verstärker in den höchsten Tönen gelobt. Das war kein Ersatz, sondern eine moderne, technische Möglichkeit, mit Geschmack zu kochen. Liebig, der ein Marketing-Genie war, beauftragte Star-Autoren seiner Zeit mit der Herstellung von Kochbroschüren und kleinen Kochbüchern mit Rezepten, die alle das Liebigsche Fleischextrakt beinhalteten, ja nur mit diesem die Gerichte gelingen ließen. Das Extrakt wurde übrigens in den Fabriken Liebigs in Uruguay hergestellt. Die Einbindung der auflagenstarken Kochbuchautoren bewirkte eine erstaunliche Häufigkeit der Empfehlung der Extrakte in deren eigenen Kochbüchern:

Vorwort

„… Ich habe auch, um die Fastensuppen zu verbessern, mich der Maggi-Suppenwürze bedient. Mit einigen Tropfen kann man eine gute Fastensuppe bereiten. Man wird aber fragen, ist Maggi-Suppenwürze an Freitagen und Fasttagen erlaubt? Auch ich stellte mir die Frage, und erhielt von kirchlicher Seite die Antwort: Ja, weil Maggi-Suppenwürze nur pflanzliche Extrakte enthält. Möge die Fastenküche den Beifall und die Zufriedenheit der Hausfrauen finden.“

Die Verfasserin
Marie Buchmeier

Maggi-Rezepte sind einfach, auch wenn sie vornehm klingen:

Schühsuppe von Maggi (gekörntes Bouillonextrakt).

„Zur Bereitung einer vorzüglichen Suppe nimmt man zu einer großen Tasse kochendes Wasser einen kleinen Kaffeelöffel voll gekörntes Bouillonextrakt, welches man in jeder Delikatessenhandlung bekommt, und zwar in großen und kleinen Büchsen.“

Aber die Köchin kann auch anders:

Domherrensuppe.

„Es werden drei Dutzend frische Austern von den Schalen und vom schwarzen Bart befreit und samt dem Safte in eine Kasserolle gegeben. Sodann werden drei Rutten gut gereinigt, in Salzwasser abgekocht und samt den Lebern in Stücke geschnitten; nun ein Dutzend Krebse schön rot abgekocht, die Schweifchen und Scheren herausgenommen und von dem übrigen eine Krebsbutter bereitet. Ferner werden 12 Champignons weiß abgekocht, fein geschnitten und samt den Austern, Krebsschweifchen und Scheren in die Suppenterrine gelegt. Zu einer unterdessen bereiteten Fastenschüh gibt man die Essenz von den Austern und den Champignons und läßt die Suppe mit dem Aufguß von einer halben Flasche Rheinwein eine Stunde gut auskochen. Kurz vor dem Anrichten wird dieselbe mit der Krebsbutter im Geschmacke gehoben, kochend heiß auf ein Sieb zu den anderen Beigaben geseiht und zu Tisch gegeben.“

Durchgestrichene Froschsuppe.
Sardellenschnitten.
Hecht à la Kuffer.
Spinat mit Krebswürstchen.
Rutten in weißer Sauce.
Gebackene Grundeln mit Salat.
Kalter Kastanienpudding.
Gefrorenes. Obst. Dessert. Kaffee.

Domherrensuppe.
Schnecken in ihren Häuschen.
Abgekochter Schill mit Kartoffeln.
Froschkoteletts mit Kohl.
Austernragout.
Gesulzte Forellen.
Gebackener Huchen mit Salat.
Rahmauflauf à la Marie.
Gefrorenes. Obst. Käse. Dessert. Kaffee.

Das ein oder andere Rezept aus diesen Fasten-Menüs ist zum Nachlesen und Ausprobieren in unserem Rezeptteil abgedruckt. Frösche zu essen gilt heutzutage als verpönt, vor 100 Jahren waren sie eine willkommene Fastenspeise, weil man den Frosch bekanntlich ja auch dem Reich der Fische zuordnete:

Gebackene Frösche

„Am besten sind die Frösche im Spätsommer und Herbste, am schlechtesten im Frühlinge wegen ihrer Laichzeit. Dem Froschschenkel werden die Zehen abgestutzt, die Schenkel zusammengesteckt, mit Salz, Pfeffer und Zitronensaft gewürzt und so eine Stunde stehen gelassen. Dann werden sie in Mehl umgewendet, in abgeschlagene Eier getaucht, mit feinen Bröseln bestreut und kurz vor dem Anrichten aus heißem Schmalze lichtgelb gebacken, hierauf auf einer langen Platte angerichtet und mit Petersilie garniert auf den Tisch gebracht. Zitronenscheiben werden eigens dazu gegeben."

Der Fischotter wurde schon erwähnt (S. 45). Marie Buchmeier weiß, wie er schmeckt:

Fischotter

„Das Fleisch derselben ist genießbar, gleicht in der Farbe dem des Rotwildes und wird zur Zeit strenger Fasten als Fastengericht oft sehr teuer bezahlt. Es behält aber immer einen eigentümlichen Geschmack und gewährt bei der kostspieligen Zubereitung doch nur einen mittelmäßigen Genuß. Nachdem die Otter ausgezogen ist, wird sie einige Tage in laufendes Wasser gehängt, damit sie den tranigen Geschmack verliert; hierauf, nachdem sie vorher eingesalzen wurde (entweder ganz oder in Stücke geschnitten) über Nacht in ein passendes Geschirr mit verschiedenen Wurzeln, einer geschälten Zwiebel, einer gelben Rübe, einem Lorbeerblatt, einigen Pfefferkörnern und zwei bis drei Nelken nebst Zitronenschnitzeln in Essig gelegt. Anderntags wird dieselbe mit weißem Pfeffer bestreut, noch etwas nachgesalzen, in eine Bratreine gegeben, mit Speckscheiben belegt und mit den Wurzeln, jedoch ohne Essig, nebst einem Stückchen Butter und einem halben Liter Rotwein langsam gebraten. Nun wird die Sauce mit einem oder zwei Kochlöffeln voll Mehl bestäubt, durchpassiert, nochmals aufgekocht und über die Fischotter gegeben, mit Zitronensaft gesäuert und heiß serviert."

Bei Gänsewein fröhlich sein?

von Klaus Wilhelm Gérard

Der Freischütz im Nationaltheater hatte uns irgendwie beunruhigt. Was hatte die Inszenierung mehr beeinflußt: die Passionsspiele oder das Tölzer Bauerntheater? Wir diskutierten darüber im Austernkeller, schon gegen halb elf, dank der Kürze der Oper. Oder konnten oder wollten wir den damaligen Zeitgeist einfach nicht verstehen? Beim Eintreten und Hinuntersteigen in das hübsche Restaurant hatte der Duft nach Fischfond, Bisque und Meer schlagartig unsere Verdauungssäfte aktiviert. Und kaum hatten wir an einem Tischchen für zwei Personen die Plätze eingenommen, da eilte schon Patron Victor um die Ecke, mit einem Tablett, auf dem zwei Gläser Champagner standen. Auf uns zu. Kaum zwei Meter vor seinem Ziel machte er eine Vollbremsung und das köstliche Naß schwappte wegen des eleganten Tablettschlenkers aus den vollen Gläsern, die er aber routiniert mit der freien Hand fixierte. Ihr fastet! Etwas enttäuscht, aber auch ein bißchen bewundernd kam dieser Ausruf. Als Profi hatte er an unserem erschrockenen Gesichtsausdruck sofort erkannt, daß darin keine Freude über einen Willkommenstrunk zu sehen war, sondern eher Ablehnung und Schrecken.

Wir wollten uns sofort entschuldigen und Erklärungen abgeben, aber der Patron meinte nur trocken: das machen jetzt viele meiner Gäste, kehrte um und kam nach ein paar Augenblicken mit einer Flasche Mineralwasser zurück. Mit einem Ausdruck, der nur mit „selbst schuld" erklärt werden konnte, schenkte er uns das Wasser ein.

Kartoffel-Tomaten-Zucchini-Gratin

... man nehme:

200 Gramm mittelgroße Kartoffeln (festkochend), 200 Gramm mittelgroße Zucchini, 100 Gramm mittelgroße Tomaten, $^1/_2$ Tasse kräftige Gemüsebrühe, 1 Stamperl, 1 Messerspitze zerdrückten Knoblauch, Olivenöl, Salz und schwarzen Pfeffer. Semmelbrösel. Geriebenen Parmesankäse.

... und dann brauchst du:

ein Schneidebrett, einen mittelgroßen Kochtopf, eine große Rein oder Porzellan- oder Keramikform und eine kleine Kasserolle.

... und so geht's:

schäle die Kartoffeln und koche sie in Salzwasser an die 15 Minuten, bis sie halbgar sind. Schneide sie in 3–4 Millimeter dicke Scheiben. Schneide auch die Zucchini und die Tomaten in ebensolche Scheiben. Richte nun die Scheiben immer abwechselnd Kartoffel, Tomate, Zucchini reihenweise in die Rein oder in die Form. Salze und pfeffere etwas darüber. Lasse im kleinen Kochtopf das Olivenöl heiß werden und den Knoblauch darin gar werden. Wenn das Öl etwas abgekühlt ist, vermischst du es mit der Gemüsebrühe. Dieses Gemisch gibst du mit einem Eßlöffel über die Gemüsescheiben. Salze und pfeffere noch etwas nach und backe alles im Rohr für ca. 10 Minuten. Dann tropfst du den Rest der Gemüsebrühe mit dem Olivenöl darüber, streust Semmelbrösel über das Gemüse und läßt nochmals 10 Minuten backen, die letzten 3 Minuten mit starker Oberhitze.

... und dann:

bringst du die Rein oder die Form heiß auf den Tisch, streust geriebenen Parmesankäse darüber und jeder kann sich nach Belieben herausnehmen. Du kannst aber auch auf den Tellern immer eine kurze Reihe des gratinierten Mischgemüses schön anrichten.

... übrigens:

auch kalt schmeckt dieses Gemüse sehr fein, wenn du beim Servieren ein bißchen von gutem Olivenöl darüberträufelst und noch etwas schwarzen Pfeffer und nochmals geriebenen Parmesankäse darüber gibst.

Macaroni mit Kastanien.

Man röstet 12–15 schöne, große Kastanien, schält sie und zerstampft sie zu Brei, würzt denselben mit einem knappen Theelöffel Salz und mischt ihn mit 250 Gr. Macaroni, die in Salzwasser gekocht und gut abgetropft sind, fügt noch 100 Gr. frische Butter und eine geschälte, aber nicht zerschnittene Zwiebel hinzu, schwenkt und verrührt Alles zehn bis zwölf Minuten über dem Feuer, feuchtet es mit ein bis zwei Löffeln Milch an, beseitigt die Zwiebel, häuft die Macaroni auf eine Schüssel, überstreut sie mit geriebener Semmel und Käse, begießt sie mit zerlassener Butter und bräunt sie im Ofen.

Aus: Münchner Kochbuch, 1893 (siehe S. 92).

Irgendwie kamen wir damit nicht zurecht. Aber was war unser Problem? Weil wir in den 40 Tagen der Fastenzeit keinen Alkohol tranken, hatten wir die Gastfreundschaft ausgeschlagen. Jetzt fühlten wir uns ein bißchen schlecht. Verpflichtungen. Warum? Wem gegenüber? Dem Wirt? Dem lieben Gott? Dem Partner oder Freund gegenüber? Uns selber? Am Ende gar, um uns selbst etwas zu beweisen?
Nicht ganz unwichtige Fragen für jemanden, der fastet.

Eines jedenfalls haben wir an diesem Abend mit Bestimmtheit erkannt: Austern essen, das mag heute nicht mehr recht nach Fasten klingen, obwohl sie eine alte Fastenspeise sind. Aber Austern mit Mineralwasser, das ist wirklich Fasten als Buße. Freiwillig.

Die Höfische und Herrschaftliche Küche, 1906

In der Ausgabe der Fachzeitschrift „Die höfische und herrschaftliche Küche" vom März 1906 erscheint ein Artikel über die Fastenzeit in Paris mit dem Titel „Leckere Fasten". Wir geben ihn fast wörtlich wieder:

„Unser Pariser Korrespondent schreibt uns: Daß das Gebot der Fleischenthaltung während der Fastenzeit auch zur Verbesserung und Bereicherung der Küche beitragen kann, dürfte jeder erfahren haben, der in katholischen Ländern gelebt. Fische, Hummern, Krebse, Froschschenkel, Schnecken und allerlei Wassergetier werden schmackhaft zubereitet. Aus Eiern, Mehl und Milch werden dazu Gerichte bereitet, die das Fleisch entbehren helfen. Namentlich in den Provinzstädten Frankreichs halten Städte und Gasthöfe darauf, in der Charwoche, obenan den Grünen Donnerstag und Karfreitag, ein leckeres Mahl aus Fastenspeisen zusammenzustellen und besonders anzukündigen. Daß man sich in Paris ebenfalls auf fleischlose Küche versteht, beweist ein Mahl, das sich im vorigen Jahre ein Millionär in einem ersten Speisehaus des Boulevard herrichten ließ und wofür er 500 Lstr. zahlte. Hier die Tischkarte:
Frischer Kaviar – native Austern – Eier nach Großherzogs Art – Pasteten Joinville – Lachsfo-

rellen à la Chambertin – gebratene Sarcelles (eine Art Wildente, die merkwürdigerweise nicht als warmblütig gilt und somit als Fastenspeise durchgeht) – Salat der Hoffnung – Hummeraspik Bellevue – Spargel mit Sauce Mousseline – Kirschsoufflé – Fruchtkorb – Café.
Zur Befeuchtung dafür: Russisches Eau de Vie – Chablis 1890 – Johannesberger 1886 – Château Léonville Poyferré 1878 – Romanée Conti 1865 – Champagne frappé Baikal, extra dry 1884 – Château Yquem 1869 – Grand fin Champagne Napoléon 1800.

Die Getränke haben weitaus das Meiste zum Anschwellen der Rechnung beigetragen. Werden doch die genannten Weine zu 40–100 Fr. die Flasche berechnet.
Aber auch diejenigen, welche nur einige Franken für eine Mahlzeit ausgeben, können befriedigt werden. Am Gründonnerstag 1904 z.B. kamen 228 000 kg See- und Süßwasserfische auf den Großen Hallen in Paris an, die beiden folgenden Tage 170 000 kg, dazu 1547 kg Schnecken und 34 515 kg Muscheln, abgesehen von dem, was die Großhändler selbst kommen lassen. Die Masse der eingemachten, gesalzenen und geräucherten Fische jeder Gattung ist gar nicht zu berechnen. Unter den Büchsenfischen steht der Thunfisch

oben an. Sein Fleisch ist zart, ohne Gräte, rosa und einladend wie feines Kalbfleisch. Dabei ist Thunfisch gar nicht teuer. Sardinen Anchovis und russische Sardinen, Kieler Sprotten, Neunaugen, eingemachte Aale, geräucherter Lachs, alles ist reichlich zu haben; die Preise sind eher mäßig, als teuer zu nennen. Deshalb läßt es sich auch ganz annehmbar leben, um so sehr, als deren zeitweilige Entbehrung die Fleischspeisen um so besser würdigen lehrt.

Hier noch die Tischkarte eines Mahles, zu dem eine reiche Dame ein Dutzend ihrer Freunde am Karfreitag eingeladen hatte:
Frischer Kaviar – rosa Krevetten – Austern mit feinen Kräutern – klare Schildkrötensuppe – Seezungen mit Nußbutter – Forellenfilets mit Gurken – Champagnerschnee – Sarcelles mit Orange (das ist wieder diese kaltblütige Wildente) – gegrillte Doraden provencale – Salat imperial – neuer Spargel – Paprikasoufflé – Eisbombe Kleiner Herzog – Bisquits mit Avelinen. Natürlich dazu entsprechende Weine. Auf beiden Tischkarten fehlte aber jedoch der schmackhafteste, teuerste Fisch: Sterlet aus der Wolga."

Im Anschluß an diesen Artikel über eine Form des alternativen Fastens nun noch einige Fastenrezepte aus Jahrgang 1905 der selben Zeitschrift:

Fasten-Garbür auf italienische Art.

„Zwei Stück Welschkohl werden gestutzt und gebrüht, von den Rippen befreit, fest ausgedrückt und mit Butter und Kräuterbrühe weich gedämpft. Von englischem Brot werden blätterige Croûtons geschnitten und geröstet. Weiter wird ein ca. 3 pfündiger Schellfisch ausgelöst, das Fleisch filiert und sautiert. Ist dies geschehen, so wird eine Gratinschale gut mit Butter aus gestrichen und dahinein lagenweise Kraut, Fisch, Croûtons gelegt, bis alles aufgebraucht ist. Oben auf muß Brot liegen. Man gießt nun über das Ganze einige Löffel Fischconsommé, streut dick geriebenen Parmesankäse darüber und läßt ca. $1/2$ Std. backen. Man serviert die Garbüre zu einer kräftigen Fasten-Consommé."

Fastensuppe mit gefüllten Eiern á la Bénard.

„Die entsprechende Anzahl frischer Eier werden hart gekocht, halbiert, die Dotter herausgenommen und mit einer, mit Champignonpürré zubereiteten Fischfarce gefüllt, mit Käse bestreut und gratiniert. Von einigen Schollen werden die ausgelösten Filets sautiert und mit 20 Austern und den gefüllten Eiern in die Terrine gegeben, mit Fastenbrühe übergossen und serviert."

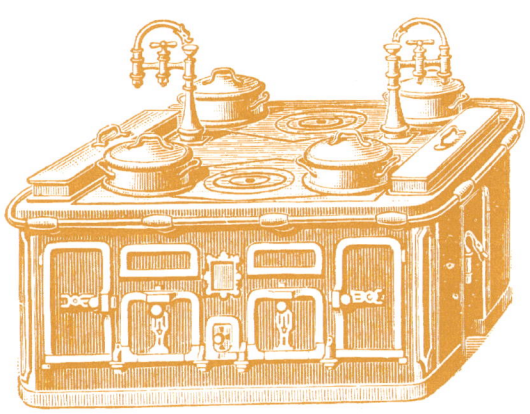

Fasten heute

von Pater Anselm Bilgri

Mittlerweile haben die Gesundheits-, Friedens-, Ökologie- und Meditationsbewegungen die positiven Aspekte des Fastens für Leib und Seele entdeckt.

Medizinische Aspekte

Im deutschen Sprachraum wurde Ende des 19. Jahrhunderts vor allem durch Otto Buchinger das Heilfasten entwickelt. Die biologischen Vorgänge sind evident: Fasten führt zu Entwässerung des Körpers, zu Abbau von Fett und zur Regeneration von Körperzellen, die sog. Entschlackung. Die Folgen sind mitunter allerdings ambivalent, weshalb Heilfasten nur unter ärztlicher Betreuung praktiziert werden sollte: In der ersten Phase können physiologische und psychologische Krisen auftreten, die von Kopfschmerzen, Nervosität und Schwindelgefühlen begleitet sind. In der zweiten Phase erst kehrt Ruhe, Entspannung und eine gewisse Leichtigkeit ein (zum Heilfasten vgl. S. 115).

Soziale und Politische Aspekte

Schon bei den Propheten des Alten Testamentes wird die Gefahr der egoistischen Verkürzung des Fastens angeprangert. Darin sind sie Vorläufer Jesu, der gerade in der Bergpredigt vor allem die glaubwürdige Übereinstimmung der inneren Einstellung mit dem äußeren Tun einfordert. Beim Propheten Jesaja heißt es: „Seht, an euren Fasttagen macht ihr Geschäfte und treibt all eure Arbeiter zur Arbeit an. Obwohl ihr fastet, gibt es Zank und Streit und ihr schlagt zu mit roher Gewalt. So wie ihr

Auberginen mit Hackgemüse

… man nehme:

2 mittelgroße Auberginen, 5 Eßlöffel Olivenöl, 250 Gramm klein gehacktes oder geriebenes Gemüse (Zucchini, Gelberüben, Fenchel, Kohlrabi oder ähnliches), 1 kleingehackte Tomate, 1 gestrichenen Teelöffel Majoran, 1 kleiner Peperoncino oder einige Spritzer Tabascosoße, nach Geschmack 1 Messerspitze zerdrückten Knoblauch, 1 Messerspitze Zucker, Salz, schwarzen Pfeffer, 2 Tassen mageren Joghurt, 100 Gramm milden Schafskäse.

… dazu brauchst du:

ein Schneidebrett, eine mittelgroße Bratpfanne und eine mittelgroße Keramikform oder Rein.

… uns so geht's:

schneide die Auberginen in nicht zu dicke Scheiben und bräune sie in der Bratpfanne ohne Fett ab, bis sie etwas Farbe bekommen und lege sie beiseite. Brate das Hackgemüse und den Knoblauch (wenn gewünscht) in Olivenöl scharf an. Nimm die Hitze etwas weg und gib die Tomate, den Majoran, den Peperoncino oder die Tabascosoße, den Zucker, den Joghurt, Salz und schwarzen Pfeffer dazu.

Lege mit den Auberginenscheiben den Boden der Form aus, verteile 1/3 des Hackgemüses darüber, lege die nächste Schicht Auberginenscheiben darauf, dann wieder Hackgemüse und wiederum Auberginenscheiben. Schneide den Schafskäse in dünne Scheiben und lege sie in schön angerichtet auf die oberste Lage Auberginen. Backe im vorgeheizten Backofen die Auberginen 20 Minuten bei 200 Grad.

… und dann:

bringst du die Auberginen in der Keramikform auf den Tisch und verteilst mit einem Heber die Portionen auf die Teller.

… übrigens:

dieses Gericht kann gut vorbereitet einige Zeit im Kühlschrank bis zum Backen aufgehoben werden.

jetzt fastet, verschafft ihr eurer Stimme droben kein Gehör. Ist das ein Fasten, wie ich es liebe, ein Tag, an dem man sich der Buße unterzieht: wenn man den Kopf hängen läßt, so wie eine Binse sich neigt, wenn man sich mit Sack und Asche bedeckt? Nennst du das ein Fasten und einen Tag, der dem Herrn gefällt? Nein, das ist ein Fasten, wie ich es liebe: die Fesseln des Unrechts zu lösen, die Stricke des Jochs zu entfernen, die Versklavten freizulassen, jedes Joch zu zerbrechen, an die Hungrigen dein Brot auszuteilen, die obdachlosen Armen ins Haus aufzunehmen, wenn du einen Nackten siehst, ihn zu bekleiden und dich deinen Verwandten nicht zu entziehen." (Jes 58,3–8).

Fasten wird daher nur sinnvoll, wenn es in Verbindung mit dem Dienst am Nächsten geschieht, sei es in Form echter materieller Hilfe oder als idealer Akt der Solidarität, um gegenwärtiges Unrecht zu überwinden. Daher war Fasten auch immer eine Form gewaltlosen Widerstandes. Problematisch wird dies allerdings beim Hungerstreik, der durchaus wieder ins Extrem der Erpressung und des Ausübens von Druck bei Gefährdung des eigenen Lebens umschlagen kann.

Spirituelle Aspekte

Das Fasten will durch Konfrontation mit dem eigenen Ich offen machen für die Begegnung mit Gott. Im christlichen Bereich ist Fasten immer verbunden mit Almosengeben (Solidarität) und intensiverem Gebetsleben (Spiritualität). Alle Texte, die in der Liturgie der Vierzig Tage vorgetragen werden, betonen diesen Zusammenhang des Dreiklangs von Beten – Fasten – Teilen. Am schönsten kommt diese Dreiheit in der Mahnung Jesu aus der Bergpredigt zum Ausdruck, die auch jedes Jahr am Aschermittwoch, dem „Haupt der Fastenzeit" im Gottesdienst verlesen wird: „Hütet euch eure Gerechtigkeit vor den Menschen zur Schau zu stellen; sonst habt ihr keinen Lohn von eurem Vater im Himmel zu erwarten. Wenn du Almosen gibst, laß es also nicht vor dir herposaunen, wie es die Heuchler in den Synagogen und auf den Gassen tun, um von den Leuten gelobt zu werden. Amen, das sage ich euch: sie haben ihren Lohn bereits erhalten. Wenn du Almosen gibst, soll deine linke Hand nicht wissen, was deine rechte tut. Dein Almosen soll verborgen bleiben, und dein Vater, der auch das Verborgenen sieht, wird es dir vergelten. Wenn ihr betet, macht es nicht

Grünkern als Risotto

... man nehme:

150 Gramm Dinkel (Grünkern),
5 Eßlöffel Olivenöl, 1 Tasse kräftige Gemüsebrühe, 50 Gramm geriebenen Parmesankäse,
1 Handvoll Rucola oder Radicchio,
Salz und schwarzen Pfeffer.

... und dazu brauchst du:

ein Schneidebrett, einen mittelgroßen Kochtopf und eine mittelgroße Keramikform
zum Servieren.

... und so geht's:

laß den Dinkel, der auch als „Farro" aus Italien kommt, ein paar Stunden in Wasser quellen. Koche ihn in der Gemüsebrühe bei mittlerer Hitze 20 Minuten. Schneide den Rucola oder den Radicchio in Streifen. Rühre den Parmesankäse, das Olivenöl und den Salat bei kleiner Hitze in den Grünkern, und schmecke mit Salz und schwarzem Pfeffer ab.

... und dann:

gibst Du alles in die vorgewärmte Keramikform und bringst sie schnell auf den Tisch. Du kannst auch noch ein bißchen geriebenen Parmesankäse darüberstreuen und noch etwas Olivenöl darüberträufeln.

... übrigens:

kannst du auch Rucola und Radicchio zusammen verwenden, was eine schöne Farbkombination ist.

Fisch-Coteletten.

Man schlachtet, schuppt und nimmt einen Fisch aus, sei es nun ein Hecht, Karpfen, Zander, Stör oder welchen man sonst dazu nehmen will, wobei zu bemerken ist, daß sich der Hecht wegen seines etwas trockenen Fleisches am besten zu diesem Zwecke eignet. Das Fleisch wird an beiden Seiten vom Rückgrat abgelöst, die Gräten herausgezogen, und das Fleisch entweder gehackt und mit in Milch geweichtem Mundbrod, Eiern, gehackten Chalotten, Pfeffer und Salz zu einer Farce verrührt, aus der man dann die Coteletten formt, oder blos in Stücke zerschnitten, die man mit Salz bestreut, in geschlagenem Ei und geriebener Semmel wendet, in klarer Butter brät, und zu Sauerkraut, Teltower Rüben, Kartoffelbrei und anderem Gemüse giebt. Sehr gut schmeckt es auch, wenn man die aus dem Fischfleisch geschnittenen Coteletten mit feinen Speckfäden durchzieht und in Butter und kräftiger Fleischbrühe mit feingeschnittenem Wurzelwerk langsam weichdämpft.

Aus: Münchner Kochbuch, 1893 (siehe S. 92).

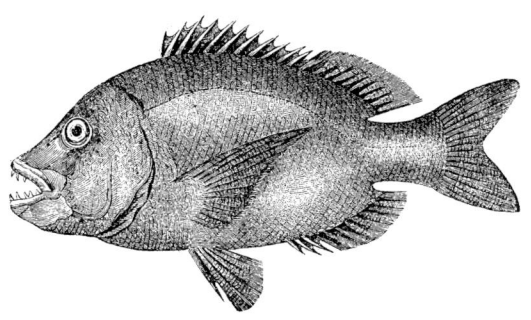

wie die Heuchler. Sie stellen sich beim Gebet gern in die Synagogen und an die Straßenecken, damit sie von den Leuten gesehen werden. Amen, das sage ich euch: sie haben ihren Lohn bereits erhalten. Du aber geh in deine Kammer, wenn du betest, und schließ die Tür zu; dann bete zu deinem Vater, der im Verborgenen ist. Dein Vater, der auch das Verborgene sieht, wird es dir vergelten. Wenn ihr fastet, macht kein finsteres Gesicht wie die Heuchler. Sie geben sich ein trübseliges Aussehen, damit die Leute merken, daß sie fasten. Du aber salbe dein Haar, wenn du fastest, und wasche dein Gesicht, damit die Leute nicht merken, daß du fastest, sondern nur dein Vater, der auch das Verborgene sieht; und dein Vater, der das Verborgenen sieht, wird es dir vergelten" (Mt 6,1–6.16–18). Dieser Text rückt gleichzeitig auch ganz in der Konsequenz Jesu die rechte innere Einstellung gegenüber einem rein äußerlichen Tun ins Blickfeld.

Fasten ist also, wie oben schon erwähnt, eine Art Beten mit Leib und Seele. Das Fürbittgebet für einen konkreten Menschen kann in Verbindung mit Fasten existentiell erfahren werden.

Fasten kann zu einem inneren Weg führen, weg von Abhängigkeiten und Zwängen, und somit den Fastenden näher zu sich selbst, zum Nächsten und zu Gott bringen.

Die Feldküchengerichte, 1942

Am Montag, dem 12. Januar 1942 wurde zum erstenmal in allen Gaststätten des ganzen Deutschen Reiches das Feldküchengericht ausgegeben, ein Eintopf einfachster Art." Ein Gesetz schrieb vor, künftig in den Speisenkarten sämtlicher Gaststätten Deutschlands Montag und Donnerstag jeder Woche ein Feldküchengericht anzubieten.

Dadurch konnten die Zivilisten daheim Gerichte kennenlernen, wie sie die Feldküchen an der Front herstellten. Der Grundgedanke sollte sein, daß durch die Feldküchengerichte Heimat und Front gewissermaßen aus demselben Topf essen, wodurch die Volksgemeinschaft „noch mehr vertieft und bereichert" werden sollte.

„So wie unsere Soldaten oft keine oder doch sehr bescheidene Ausweichmöglichkeiten in der ihnen täglich zugereichten Kost haben, so will auch die Heimat künftig mit einer freiwilligen Begrenzung ihres Küchen- und Speisezettels vorliebnehmen".

Dieser Text und das Eingangszitat stammen aus „Die Feldküchengerichte" aus dem Jahre 1942, einem Auszug aus dem Feldkochbuch, bei dem die militärischen Anordnungen weggelassen wurden. Die Heimat wird angewiesen, es der Front gleichzutun, aber „das Kochen nach den Rezepten des Feldkochbuches soll nicht etwa bequem sein". Es entlaste zwar die Arbeiten in der Küche wesentlich, aber auf der anderen Seite verlange es mehr Nachdenken und bei der Arbeit größere Sorgfalt. Für die Heimat heiße es, jetzt die gleiche Disziplin zu halten, wie es „unsere kämpfenden Soldaten draußen unter wesentlich schwereren Verhältnissen freudig tun".

Unter keinen Umständen dürfe bei lieblos und schlecht zubereiteten Feldküchengerichten der hierdurch erweckte ungünstige Eindruck auf

„unsere gute deutsche Feldkost übertragen werden".

Der Aufruf zur freiwilligen Beschränkung der Nahrungsaufnahme hatte neben dem ideellen Ziel einen viel funktionaleren, weil wirtschaftlichen Hintergrund. Durch den verordneten Verzicht der breiten Bevölkerung darauf, es sich in der Heimat wohl ergehen zu lassen, wurden volkswirtschaftlich enorme Einsparungen erzielt, die andererseits für die Kriegführung eingesetzt werden konnten. Dadurch hielt Ende des Zweiten Weltkrieges die Versorgung der Bevölkerung mit Nahrung um einiges länger an. Dieses Fasten galt einem strategischeren Ziel als dem, sich mit den Mitmenschen an der Front zu solidarisieren und deren Heldentum mit Leib und Seele etwas nachzuspüren.

Gefüllten Sallat.

Von einem Bundsallat putzt man die grünen Blätter weg, und nimmt die Herzel heraus, hackt hernach die Happeln klein, und röstet sie mit Butter; treibt dann 2 Eyer mit Schmalz gut ab, nimmt ein Stück Karpfen oder Hechten, oder Krebsschweifeln, hackt es klein, und giebt das Gehackte, etwas Semmelbrösel, und den gehackten Sallat unter die Eyer, giebt etwas Muskatblüh darein, und salzt es, giebt dann den ganzen Sallat in ein siedendes Wasser, läßt ihn hernach auskühlen, und füllt ihn mit dem obigen Fasch, umwickelt ihn mit Spagat oder Zwirn, und läßt ihn in einer Rein in siedendem Wasser kochen, nimmt ihn, wenn er weich gesotten ist, heraus, macht darüber eine Soß, wie zum Spargel, legt dann den gefüllten Sallat darein, läßt ihn aussieden, und richtet ihn dann an.

Aus: Mein eigenes geprüftes Kochbuch, 1799 (siehe S. 30).

Heilfasten
von Klaus Wilhelm Gérard

Dieses Buch enthält keine Diäten oder Methoden zur Gewichtsabnahme, wenngleich es auch ein paar Pfunde kosten mag, die Küche ein wenig umzustellen oder auf das ein oder andere zu verzichten. Es existiert aber eine Möglichkeit, gelegentlich auf eine radikale Weise mit der eigenen Ernährung umzugehen, das Heilfasten. Es hebt sich vom Umfang und Inhalt, in seiner medizinisch fundierten Methode und vorliegenden jahrelangen klinischen Erfahrungen von den üblichen Abmagerungskuren ab. Zudem zeigt es die wichtige wechselseitige Wirkung von Körper, Seele und Geist auf und darf schon aus diesem Grund in einem Fastenbuch nicht fehlen.

Das religiöse Fasten katholischer Tradition unterscheidet sich vom normalen Jahresablauf durch das Weglassen von Fleisch oder die Beschränkung auf eine größere Mahlzeit am Tag. Ursprünglich war es der Versuch, dadurch einem asketischen Leben, wie man es Jesus zusprach, nahezukommen, oder einer zeitweisen Askese, wie sie von Jesus überliefert ist, nachzuleben, ihm ähnlich zu sein und durch die reduzierte Nahrungsaufnahme Leib und Seele zu reinigen. Verkommen zu einer formellen Verrichtung wurde der Verzicht irgendwann zum Fastenopfer als Buße für die Vergebung von Sünden, mitunter gar, um Gott wohlwollend zu stimmen.

Das Heilfasten hat eine lange Tradition. In den alten Kulturen gingen das theologisch begründete Fasten und das gesundheitlich orientierte Fasten ineinander über. Priester und heiligmäßige Gestalten hatten die Erfahrung gemacht, daß Fasten nicht nur den Körper verändert, sondern auch die Seele und den Geist. Gemeint ist hier, die Nahrungsaufnahme auf ein solches Minimum zu reduzieren, daß die Körperfunktionen gerade noch aufrechterhalten werden können. Dieses Fasten gab es als Tradition von Stämmen, als radikale Gottsuche von Asketen in der Wüste oder als Reinigungsritual in den Tempeln.

Heute wird oft vom Selbstmord mit Messer und Gabel gesprochen. Gemeint ist damit die fehlerhafte Ernährung, die Krankheiten verursacht und verfrüht zum Tode führt. Dr. Otto Buchinger schrieb in seinem 1935 erstmals herausgegebenen und mittlerweile in der 23. Auflage vorliegenden Buch „Das Heilfasten" vom Menschen, „der sich sein Grab mit Zähnen gräbt" und daß „der Diätfehler im weitesten Sinn die älteste Krankheit" ist, die nur mit „Fasten, der „ältesten Heilung" geheilt werden kann. „Hat Unmäßigkeit erst Krankheit erzeugt, dann hilft nur Fasten."

Bereits im Jahre 1848 hatte der Leipziger Arzt Wunderlich in seinem therapeutischen Handbuch geschrieben: „mit Diät und Ruhe lassen sich die meisten überhaupt heilbaren Krankheiten kurieren" – unter Diät verstand er Fasten. Und er wird nicht der erste Heilkundige gewesen sein, dem dieser Zusammenhang bekannt war.

Otto Buchinger schrieb: „auf Grund 50jähriger Beobachtung am Krankenbett und in der Sprechstunde bin ich heute der Ansicht, daß die Heilmittel Luft, Licht, Wasser, Diät, Homöopathie, Gutzureden und Fasten fast alles zu leisten imstande sind, was nötig ist, um Menschen vor Krankheiten zu bewahren und sie von Krankheiten zu befreien.

Reiskücherl mit Vanillesoße

… man nehme:

150 Gramm Milchreis, 20 Gramm Hefe,
4 Eßlöffel lauwarme Milch, 1 und 3 gehäufte Eßlöffel Mehl, 2 ganze Eier, 2 Eidotter, 1 Eßlöffel flüssige Butter, 3 gehäufte Eßlöffel Zucker,
1 Prise Salz, Butter zum Ausstreichen der Rein,
Puderzucker zum Bestreuen.

Für die Soße:

Vanillepuddingpulver ($\frac{1}{2}$ der üblichen Packung, die für $\frac{1}{2}$ Liter Milch gedacht ist), $\frac{1}{2}$ Liter Milch (damit du statt Pudding eine Soße bekommst),
2 Eßlöffel Zucker. 3 Eiweiß, 1 Prise Salz,
1 Eßlöffel Zucker.

… und dazu brauchst du:

eine mittelgroße Rührschüssel,
ein großes Schneidebrett, eine große Rein und eine große Porzellanplatte.

Für die Soße eine Tasse, einen Schneebesen, einen mittelgroßen Kochtopf und eine Soßenschüssel oder -terrine.
Eine Rührschüssel und einen Quirler.

… und so geht's:

koche den Milchreis nach Kochvorschrift in Wasser gar. Bereite in einer Tasse ein Hefedampferl, indem du die Hefe in 4 Eßlöffel lauwarme Milch einbröselst und mit 1 Eßlöffel Mehl einrührst. Stäube noch etwas Mehl darüber, decke die Tasse zu, lasse sie in der Wärme stehen, bis es auf die doppelte Menge aufgegangen ist. Gib dann das Dampferl, das restliche Mehl, eine Prise Salz und die flüssige Butter dem Reis hinzu und knete einen schönen Teig. Lege ihn auf ein mit Mehl bestäubtes Brett, decke ein Handtuch darüber und lasse ihn gut ein halbe Stunde gehen. Schneide dann mit einem Messer eigroße Stücke ab, forme sie zwischen gefetteten Handflächen, ziehe sie etwas länglich, lege sie auf das bemehlte Brett und lasse sie noch einmal eine viertel Stunde unter dem Handtuch gehen. Buttere die Rein aus, nehme ein Küchlein nach dem anderen, verdrehe es mit einer Handbewegung so, daß es wie ein Achter aussieht und setze es in die gut ausgebutterte Rein. Lasse im vorgeheizten Backofen die Küchlein bei 180 Grad ungefähr 20 Minuten lang backen, bis sie eine schöne, goldbraune Farbe bekommen.

In der Zwischenzeit kannst du die Vanillesoße zubereiten. Mische das Puddingpulver mit 2 Eßlöffel Zucker und verrühre es so nach und nach mit 6 Eßlöffel von der kalten Milch zu einer glatten Soße. Koche die übrige Milch auf, nimm sie vom Herd, rühre die vorbereitete Soße ein und lasse alles eine gute Minute kochen, indem du weiter gut mit dem Schneebesen rührst.
Bereite mit einer Messerspitze Salz aus dem Eiweiß einen schönen Eischnee und süße ihn mit dem Zucker.

... und dann:

stichst du sie aus der Rein heraus, setzt sie auf eine Porzellanplatte, bestreust sie dick mit Puderzucker. Gib die Vanillesoße in eine Soßenschüssel oder -terrine, steche mit einem Eßlöffel Nockerl aus dem Eischnee, lege sie auf die Soße und bringe sofort alles warm auf den Tisch.

... übrigens:

schmecken die Kücherl auch noch am nächsten Tag sehr gut zum Kaffee.

Um billiger Kritik gleich die Waffe aus der Hand zu nehmen: alle Achtung vor der Unfallchirurgie, vor der Wohltat des Morphins, vor der Geburtshilfe und vor den sehr beträchtlichen Erleichterungen des Erkennens der Krankheit durch Röntgenplatten, Blutkörperchen-Senkung und Augenspiegel, um nur weniges zu nennen! Der obige Satz von den Naturheilmitteln bleibt bestehen. Von allen natürlichen Heilmitteln aber hat mir doch bisher den größten Eindruck das Fasten gemacht".

Heilfasten kann für sich selbst zu Hause, jedoch unter ärztlicher Kontrolle, oder in einer Fastenklinik durchgeführt werden. Die Wirkung zielt auf verschiedene Krankheiten wie Fettleibigkeit, Rheuma, Arthritis, Stuhlverstopfung, Blutdruckkrankheiten, Asthma, Hautkrankheiten, Nierenentzündungen, Parodontose, Kropf, Herzleiden, Leber- und Magenerkrankungen, Migräne und viele weitere wie beispielsweise Schizophrenie, Epilepsie und sogar Magerkeit. Unterstützend werden Hilfsmethoden wie Luftbäder, Sonnenbäder und Packungen empfohlen sowie „heilende Seelenführung" wie Beten, „gut Zureden" und die heilende Selbsteinrede gegen das Minderwertigkeitsbewußtsein oder etwa die Ur-Angst.

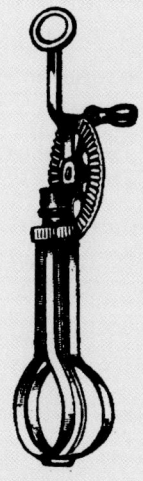

Mit dem gut Zureden ist nicht Hypnose gemeint, sondern die Übermittlung der Überzeugung, ja des Glaubens des begleitenden Arztes an die Durchführbarkeit und Wirkung der Fasten-Therapie; letztlich eine vertrauensvolle, herzliche Zusammenarbeit zwischen Arzt und Patient. Die Selbsteinrede kennen wir heute als das Autogene Training, dessen positive Wirkung hinreichend bekannt ist.

Die körperliche Grundlage des Heilfastens ist die: Durch die völlige Einstellung des Essens (freilich auch aller Genußgifte und Drogen) stellt sich der Körper um auf die Verbrennung eigener Reserven, v.a. der Fettdepots. Es wird nurmehr flüssige Nahrung, allerdings in ausreichender Menge (in Form von Wasser, ungesüßtem Tee, ein wenig Fruchtsaft oder Gemüsebrühe), zu sich genommen. Eine Reinigung des Darms und die Absonderung von Schlacken findet statt. Man geht davon aus, daß ein gesunder Mensch das etwa vier Wochen praktizieren kann.

Niemand sollte jedoch einfach davon ausgehen, daß er gesund ist, nur weil ihm nichts wehtut oder er meint, dieses oder jenes medizinische Problem schon im Griff zu haben. Erst einmal sollte der Hausarzt aufgesucht und das Vorhaben mit ihm besprochen werden. Eine gründliche medizinische Untersuchung vor Beginn einer so radikalen Umstellung des Körpers ist dringend zu empfehlen, denn es gibt Herz-Kreislauf-Patienten oder Stoffwechselkranke, für die völliger Verzicht auf feste Nahrung geradezu Gift wäre, von Schwangeren oder Gebrechlichen ganz zu schweigen. Und wer weiß schon, was er alles so mit sich herumschleppt!
Dann bedarf es der Begleitung des Heilfastens. Das Mindeste ist die Lektüre von Otto

Mandarinen mit Joghurt

… man nehme:

2 kernlose, mittelgroße, saftige Mandarinen,
2 Tassen Joghurt, 1 Teelöffel Zitrone,
1 gehäufter Eßlöffel Zucker,
3 Eßlöffel Honig oder Ahornsirup.

… und dazu brauchst du:

ein Schneidebrett, eine mittlere Rührschüssel,
einen kleinen Schneebesen, einen großer Teller
und ein sehr scharfes Gemüsemesser.

… und so geht's:

du schälst die Mandarinen und entfernst vollkommen die weiße Schicht. Zerlege die Mandarinen in die Schnitze. Nimm je einen Schnitz in die Hand und schneide mit dem Messer den Schnitz längs vom Rücken her so weit ein, daß er wie ein Buch aufgeklappt werden kann und so die Form eines kleinen Rades bekommt. Lege die Schnitze zu einem Rad aufgeklappt mit der Schnittfläche nach oben auf einen großen Teller und streue etwas Zucker darüber.

Verrühre den Joghurt gut mit dem Zitronensaft und entweder Zucker oder Honig oder Ahornsirup, bis alles schön glatt ist. Verteile die Soße auf vier große Teller zu einem dünnen Spiegel.

… und dann:

zählst du die Mandarinenräder ab und verteilst sie zu je einem Viertel auf die Teller, indem du sie in Form eines Kreises in die Joghurtsoße legst.

… übrigens:

kannst du das Gleiche auch mit Orangen oder Blutorangen machen. Auch mit Zitronen. Doch diese mußt du dann mit etwas mehr Zucker bestreuen und ein bißchen länger ziehen lassen.

Macaroni=Mehlspeise.

250 Gr. Macaroni werden in kleine Stücke zerbrochen, fünf Minuten in siedendem Wasser blanchirt, auf ein Sieb geschüttet, mit kaltem Wasser abgekühlt und, sobald alles Wasser gut abgetropft ist, mit 1 1/4 –1 1/2 Liter kalter Milch, 50 Gr. Zucker, etwas ganzem Zimmt und einem Stückchen Vanille zugesetzt, ganz langsam weichgekocht und in eine Schüssel ausgeschüttet, wo man den Zimmt und die Vanille herausliest. Man rührt nun 180 Gr. Butter zu Schaum, thut nach und nach 12–15 Eidotter und 250 Gr. gestoßenen Zucker, die abgekühlten Macaroni und den steifen Schnee der Eiweiße hinzu, füllt die Masse in eine gebutterte Form, bäckt sie bei mäßiger Hitze drei Viertelstunden und gibt sie mit Vanillen-Sauce zu Tisch.

Aus: Münchner Kochbuch, 1893 (siehe S. 92).

Buchingers „Das Heilfasten und seine Hilfsmethoden als biologischer Weg" oder eines neueren Werkes vergleichbarer Qualität. Schließlich gibt es einiges zu beachten: Ab- und Aufbautage, die Befriedung des Darms und der Umgang mit Versuchungen und Schwierigkeiten. Eine weitere Möglichkeit ist das Heilfasten in der Gruppe, wie es von Kirchengemeinden oder anderen bewährten Einrichtungen immer wieder angeboten wird. Jedes Gruppe, auch der Partner oder die Familie, haben bei einer so radikalen Umstellung den Vorteil, daß ein Austausch, gegenseitige Hilfen und überhaupt das Miteinander dem Fastenden eine wirkliche Stütze sein können. Denn es kann zu emotionalen Krisen, Durchhängern oder gar dem Bewußtwerden tiefsitzender Dinge kommen. Wird das gut begleitet, ist das Fasten erfolgreich und kann sogar zu Lebenswenden oder Glaubenserfahrungen führen. Überhaupt sollte die ganzheitliche Qualität eines guten Heilfastens nicht vernachlässigt werden: gute Lektüre, Meditation und Gebet, seelsorgerliche Begleitung sind keine Nebensache. Nur so wird der Mensch sich selbst gerecht, übrigens nicht nur während des Heilfastens. Kirchliche Häuser, gerade Klöster, aber auch klinische Einrichtungen machen hier oft Angebote, die für den richtigen Rahmen sorgen.

Die Fastenordnung der katholischen Kirche heute

von Pater Anselm Bilgri

Eine Vereinfachung der Fastenvorschriften und eine Verlagerung der entsprechenden Regelungskompetenzen auf die Bischöfe (einer Nation) wurden im Vorfeld des Zweiten Vatikanischen Konzils gewünscht. In der Konzilskonstitution über die Liturgie sollte neben der Anpassung der Bußdisziplin durch die einzelnen Bischofskonferenzen das Fasten am Karfreitag für die Gesamtkirche verbindlich bleiben. Wohlgemerkt, der Karfreitag ist kein Bußtag, sondern an ihm gedenkt die Kirche des Todes ihres Herrn. In der Folge hat Papst Paul VI. in der apostolischen Konstitution *Paenitemini* (1966) die kirchliche Fasten- und Bußdisziplin neu geordnet. Das erneuerte Kirchenrecht von 1983 trägt diesen Vorgaben Rechnung und enthält nur wenige weltweit zu beachtende Rahmenbestimmungen.

Vorab sollten auch die Begriffe geklärt werden, die in der Alltagssprache immer wieder durcheinandergebracht werden: Fasten und Abstinenz.

Reisnockerl in Zimtjoghurt

… man nehme:

100 Gramm Milchreis, 1 Ei, 1 gehäufter Eßlöffel Mehl, 1 gehäufter Eßlöffel Zucker, 1 Päckchen Vanillezucker, Semmelbrösel mit etwas Zucker und Zimt vermischt, 1 Stückchen Butter.

… für die Soße:

2 Tassen Joghurt, 1 gehäuften Teelöffel Zimt, 2 gehäufte Teelöffel Zucker, 3 Eßlöffel Zitronensaft.

… und dazu brauchst du:

eine mittelgroße Rührschüssel, eine Tasse und eine große Bratpfanne.

… und so geht's:

du kochst den Milchreis nach Vorschrift in Wasser. Dann gibst du ihn in eine Rührschüssel, das Ei, das Mehl, den Zucker und den Vanillezucker dazu und bereitest einen dicken Teig, der sich gut mit einem Eßlöffel abstechen läßt. Ist der zu dünn, gibst du noch etwas Mehl dazu.

Jetzt nimmst du eine Tasse und gibst ein paar Eßlöffel Joghurt hinein, verrührst ihn gut mit dem Zimt und dem Zucker und dem Zitronensaft; und dann in der Rührschüssel mit dem restlichen Joghurt. Schmecke mit Zucker ab, wenn dir die Soße zu säuerlich erscheint.

Nun stichst du mit einem Eßlöffel, den du kurz vorher jeweils in eine mit Wasser gefüllte Tasse steckst, eine Portion nach der anderen von dem Reisbrei ab und formst mit einem zweiten Eßlöffel flache Nockerl, die du in einer Semmelbrösel-Zucker-Zimt-Mischung wälzt. Du läßt die Butter in der Pfanne bei mittlerer Hitze zergehen und bäckst die Nockerl schön goldbraun auf allen Seiten heraus.

... und dann:

verteilst du die Soße auf vier Tellern zu einem Spiegel und legst die Nockerl sternförmig hinein. Serviere sie noch lauwarm.

... übrigens:

kannst du den Teig, dann die Nockerl und die Soße gut vorbereiten, in den Kühlschrank stellen und erst kurz vor dem Servieren herausbacken.

Das Fasten wird traditionellerweise als Abbruch von Speise und Trank verstanden. Die gesamtkirchliche Regelung setzt an Fasttagen für Getränke zur Durststillung keine Grenze fest.

Die Deutsche Bischofskonferenz hat 1986 in ihrer Bußordnung festgelegt: an Fasttagen sind eine einmalige Sättigung und gegebenenfalls zwei kleine Stärkungen erlaubt. Verpflichtet zum Fasten sind alle Katholiken vom vollendeten 21. bis zum begonnenen 60. Lebensjahr. Entpflichtet sind alle, die das Fasten nicht ohne schweren Nachteil einhalten können:

a) wegen Körperschwäche: Kranke, Genesende, hoffende und stillende Mütter, Schwächliche; alle, die in einer Mahlzeit nicht viel zu sich nehmen können.

b) Wegen Armut: Bettler, die Speisen nicht in der Menge und Beschaffenheit bekommen, daß sie sich auf einmal sättigen können.

c) Wegen Anstrengung: Schwerarbeiter; Reisende, an deren Kräften der Weg zehrt; geistig Arbeitende, die bei Einhaltung des Fastens ihre Aufgaben nicht erfüllen können.

Die Kirche kennt nur mehr zwei Fasttage: den Aschermittwoch und den Karfreitag. An ihnen soll gefastet und Abstinenz gehalten werden.

Abstinenz bedeutet genaugenommen Enthaltung von Fleischspeisen, aber nicht von Eiern, Milchprodukten und tierischen Fetten als Zutaten zu anderen Speisen. Die Deutsche und die österreichische Bischofskonferenz bezeichnen sie sinnvoll als gelebtes Zeichen, besonders in Familien und Gemeinschaften. Erfüllt wird das Abstinenzgebot aber auch durch eine allgemeine Einschränkung des Konsumverhaltens, durch

Verzicht auf Genußmittel oder durch Werke der Nächstenliebe und der Frömmigkeit (z. B. Besuch der Werktagsmesse, private oder gemeinsame Schriftlesung). Das heißt im Klartext: Jeder Katholik kann wählen zwischen diesen Formen der Abstinenz und selbst entscheiden, welches Zeichen für ihn das sinnvollere ist. Wichtig bleibt die innere, ehrliche Einstellung dazu.

Verpflichtet zur Abstinenz sind alle Katholiken, die den Vernunftgebrauch erlangt und das 14. Lebensjahr vollendet haben.

Entpflichtet vom Abstinenzgebot sind alle Personen, die das Gebot nicht ohne großen Nachteil halten können, dies sind:

a) Arme, die auf Unterstützung angewiesen sind.

b) Kranke, Genesende, werdende und stillende Mütter.

c) Schwerarbeiter.

d) Alle, denen nur Fleischspeisen zur Verfügung stehen, etwa die abhängigen Familienmitglieder, denen Fleisch vorgesetzt wird.

e) Personen, die in Gasthäusern essen und dort nichts anderes bekommen.

f) Gäste, die mit Fleisch bewirtet werden und nicht ohne Nachteil ablehnen können.

g) Leute, die irrtümlich Fleisch zubereitet haben und es nicht ohne Schaden aufheben oder nichts anderes mehr beschaffen können.

An Fasttagen ist immer auch Abstinenz zu halten, aber nicht an allen Abstinenztagen muß auch gefastet werden.

Abstinenz ist zu halten an allen Bußtagen: dies sind alle Freitage des Jahres – wenn nicht auf einen Freitag ein Hochfest fällt – und der Aschermittwoch.

Die gefüllten Aepfel zu machen.

Man schält schöne Aepfeln, schneidet in der Höhe ein Blattel hinweg, höhlet sie dann aus, schneidet hernach andere geschälte Aepfeln blattet in eine Rein, brennet Schmalz daran, läßt es zu einem Koch zusammengehen, zuckert sie, giebt Zimmet daran, Weinberln, und klein gewürfelt geschnittenen Zitronat, rührt es durcheinander, und füllt damit die ausgehöhlten Aepfel, macht den Deckel darauf, verbindet sie mit Zwirn, und backt sie aus dem heißen Schmalz. Wann sie gebacken sind, nimmt man den Zwirn herab, zu 12 Maschanzteräpfel gehören 4 hartgesottene Eydötter, und so viel geschälte Mandeln, im Gewicht, als die Eydötter; man stößt dann die Mandeln klein, giebt die Eydötter darunter, auch ein Stück frischen Butter, stößt es ein wenig untereinander, giebt es in einen Weidling, schlägt 4 oder 5 ganze Eyer daran, jedes wohl verrührt, giebt auch dazu 2 oder 3 Löffel guten Milchrahm und Zimmet, zuckert es, bestreicht eine Schüssel mit Butter, gießt das Gerührte darein, und giebt dann die gefüllten Aepfeln darauf, macht unten und oben Glut, und backt sie schön; dann werden die Aepfel gezuckert.

Aus: Mein eigenes geprüftes Kochbuch, 1799 (siehe S. 30).

Heute wird man das Rezept nur bis zur 10. Zeile umsetzen: „... und backt sie aus dem heißen Schmalz." Der Rest ist gar zu üppig.

Fastenspeise.

Man stößt auf ein mittelgroßes Plättchen 2 Pfund saure Kirschen, nimmt sie in ein hohes Geschirr, welches einen passenden Deckel hat, thut einen halben Schoppen Wein, ein Viertelpfund Zucker, ein fingerlanges Stückchen Zimmet, und die am Zucker abgeriebene Schale von einer Zitrone dazu, klebt ein Papier mit Taig darüber, damit kein Dampf heraus kann, deckt den Deckel darauf, läßt es auf gelinden Kohlen 2 Stunden kochen, und treibt es durch ein haarsieb. Hierauf schneidet man von kleinem rundem Zwieback den Boden ab, nimmt das Weiche heraus, deckt den Boden wieder darauf, bestreicht sie mit guter Milch, verrührt hierauf zu 6 bis 8 Zwieback das Gelbe von 6 Eiern, schlägt das Weiße davon zu einem Schaum, rührt ihn unter die Eigelb, kehrt die Zwieback darin um, backt sie in heißem Schmalze gelb, bestreut sie noch warm mit Zucker und Zimmet, legt sie auf eine Platte, gießt die durchgetriebenen Kirschen dazwischen, und gibt sie kalt auf den Tisch.

Aus: Neues Kochbuch, 1840 (siehe S. 64).

Mein Fasten

von Pater Anselm Bilgri

Mein Elternhaus war nicht sehr religiös. Bei uns ging man am Sonntag nicht regelmäßig zur Kirche, das Tischgebet habe ich bei einer frommen Tante kennengelernt, bei der ich manchmal das Wochenende verbringen durfte. So wurde auch nicht gefastet. Allerdings war es selbstverständlich, daß es am Freitag keine Fleischspeisen zum Essen gab, also durchaus Abstinenz gehalten wurde, auch wenn mit diesem Ausdruck keiner hätte etwas anfangen können.

Erst als ich als Teenager, nicht ohne den Einfluß obengenannter Tante, begann, mich mit Kirche und Christentum intensiver zu beschäftigen, wurde mir das strenge Fasten an Aschermittwoch und Karfreitag und die wöchentliche Abstinenz ein wichtiger Teil meiner religiösen Praxis, wenn auch mit dem oft unerleuchteten Eifer des „Frischbekehrten".

Zum ersten Mal konfrontiert mit den kirchlichen Speisevorschriften im Zusammenleben einer Gemeinschaft wurde ich, als ich ins Münchener Priesterseminar eintrat. Mitte der siebziger Jahre war dieses aber gerade noch geprägt von der Ablehnung vieler überkommener Formen religiöser Praxis und dem auch in der 68er Generation klerikaler oder besser anti-klerikaler Couleur beliebten Hinterfragen alles Überkommenen, so daß sich dies auf den fleischlosen Freitag beschränkte, was ich aber schon von zu Hause kannte und dessen Beibehaltung im Seminar wohl vor allem dem bestimmenden Einfluß der in der Küche tätigen Barmherzigen Schwestern zu verdanken war.

Nach der theologischen Zwischenprüfung trat ich 1975 in unser Kloster, die Abtei

St. Bonifaz in München ein, zu der auch das Priorat Andechs gehört. Das erste Probejahr, das Noviziat, dient vor allem dazu, sich in der klösterlichen Gemeinschaft einzuleben und einzugewöhnen. Der *fervor novicius,* der Neulingseifer, hilft einem zwar dabei, viel Ungewohntes mit Enthusiasmus auf sich zu nehmen, aber gerade wenn man eher aus einer fernstehenden Familie stammt, kommt einem doch auch vieles eher komisch und antiquiert vor.

Denke ich heute darüber nach, ist es auch und gerade die Fasten- und Abstinenzpraxis, die dem Klosterleben das Unterscheidende, heute würde man sagen, das Profil verleiht. Dabei sind es besonders die damit verbundenen Formen und Riten, die prägen. Der Wechsel von Fasttagen, Fastenzeiten und den Festtagen und Festzeiten geben dem ganzen Jahr, ja jeder Woche einen bestimmten Rhythmus und einen vom Geist des Christentums bestimmten Charakter. So ist die Woche markiert vom Sonntag, der als wöchentlicher Ostertag auch durch ein sonntägliches Festmahl gekennzeichnet ist. Eigentlich dürfte man an ihm – auch in der österlichen Bußzeit – nie fasten. In der alten Christenheit war das streng verboten. Am Sonntag durfte man auch nicht kniend beten, da das Knien ein Zeichen der Buße war und nur an Bußtagen geübt wurde. Erst seit dem Mittelalter bekam das Knien als Zeichen der Anbetung der Eucharistie den Ruf, die typisch katholische Gebetshaltung zu sein.

Unter der Woche gibt es zwei Fasttage, den Freitag und den Mittwoch, an denen das Regularfasten, das durch die Regel des hl. Benedikt festgesetzte Fasten eingehalten wird. Allerdings beschränkt sich dies – wie wohl allgemein üblich – auf die Abstinenz, d. h. den Verzicht auf Fleischspeisen. Fällt nun

Das eigene Fasten

Du machst dir Gedanken, wie dein Fasten aussehen könnte. Da es nur für dich ist, wirst du mit niemanden darüber sprechen, es sei denn, du nimmst doch deinen Partner, eine enge Freundin oder einen Freund als Kontrolleur. Wie dein Fastengebot lautet, bleibt alleine dir überlassen. Es kann konventionell aber auch ganz verrückt sein. Vielleicht hat dir dein Arzt auch schon lange zu irgendwelchen Maßnahmen geraten, die du aus Bequemlichkeit nicht wahrgenommen hast. Jetzt ist eine gute Gelegenheit, zwei Fliegen mit einer Klappe zu schlagen. Fasten und dabei noch einen guten Nebeneffekt zu haben. Im Folgenden seien nun einige Vorschläge aufgeführt, die beliebig erweiterbar und änderbar sind.

Trinken. Gar keinen Alkohol oder nur keinen Wein, kein Bier, keinen Schnaps. Kein Kaffee.

Rauchen. Gar nicht rauchen. Oder keine Zigarren rauchen. Oder nur keine Zigaretten.

Essen. Kein Fleisch essen. Ganz vegetarisch leben, d. h. auch auf Eier und Milch verzichten. Keine Süßigkeiten. Keine Luxuslebensmittel wie beispielsweise Kaviar und Hummer. FDH-Methode: immer nur die Hälfte essen.

Lieblingsbeschäftigungen. Kein Fußball im Stadion oder im Fernsehen. Nicht ausgehen. Kein Shopping. Nicht Fernsehen. Kein Walkman. Kein Handy.

Auto. Statt mit dem Auto mit öffentlichen Verkehrsmitteln fahren oder zu Fuß gehen. Keine Geschwindigkeitsbegrenzungen überschreiten. Nicht im Park- oder Halteverbot halten.

Partner. Den Partner (wenn er mag) etwas alleine unternehmen oder verreisen lassen. Nicht flirten. Kein Sex.

Ärztliche Ratschläge befolgen. Nicht rauchen. Weniger Fett. Keine Süßigkeiten. Mehr Bewegung.

Fasten bis ...

Zwei Freunde sitzen einige Zeit im Flugzeug. Dummerweise nicht zusammen. Der Flug ist zu Ende und sie treffen sich am Gepäckband. Super, der Flug, gell? Wie fandest Du das Essen? Essen? Ich habe gar nichts gegessen. Am Sitz vor mir war doch ein Schild, auf dem stand: fasten, bis der Sitz bellt.

auf einen Fasttag ein Hochfest des liturgischen Kalenders, so wird natürlich nicht gefastet. Gerade diese Aufhebung des Fastens läßt die Mönche dann das Fest richtig erleben. Dies gilt insbesondere für Festtage, die in die 40tägige Bußzeit fallen, etwa der Heimgang unseres Ordensgründers Benedikt am 21. März und Verkündigung des Herrn (früher Mariä Verkündigung) am 25. März.

Die Fastenzeit, beginnend am Aschermittwoch und am Gründonnerstag mittag endend (denn am Gründonnerstagabend beginnt ja schon das österliche *Triduum* mit eigenen Vorschriften), ist von einer besonderen Eindringlichkeit. In unserem Münchener Kloster ist es üblich, daß nur beim Abendessen die alte klösterliche Praxis gehalten wird, während der Mahlzeit nicht zu sprechen, sondern aus einem Buch vorzulesen; in der Fasten- und Adventszeit jedoch auch mittags (Ausnahme siehe oben: an Sonn- und Festtagen). Es gibt nur eine Hauptmahlzeit: am Mittag; abends wird ein Imbiß (lateinisch: *Collatio*) gereicht. Unsere Satzungen sehen vor, daß an Fasttagen die Nebenmahlzeiten (Frühstück und Abendimbiß) wenn möglich fleischlos sein sollten.

Am Aschermittwoch selbst übergeben die Mönche dem Abt einen Zettel mit ihren Vorsätzen für die Fastenzeit, die sog. *Schedula*. Dies ist ein alter klösterlicher Brauch, der nicht mehr bei allen Benediktinern in Übung ist. Auf diesem Zettel sind die verschiedenen Bereiche des Fastens vorgesehen: Verzicht auf Speise und Trank, weitere Zeichen des Verzichtes, zusätzliche Gebete, besondere geistliche Lektüre. Der Abt überprüft diese Vorsätze, heißt sie durch seine Unterschrift gut oder korrigiert sie und gibt sie dem Mönch zur Selbstkontrolle zurück.

Mit um so größerer Intensität wird dann das Osterfest erlebt, wenn es während der achttägigen Feier (die sog. Oktav bis zum Weißen Sonntag) keinen Fast- und Abstinenztag und während der 50 Tage bis zum Pfingstfest kein Regularfasten gibt.

Dies scheint mir überhaupt der größte Gewinn der Fastenpraxis im Kloster zu sein, daß der Lauf der Zeit erlebt wird im Wechsel von Vorbereitung und Erfüllung. Mit der zunehmenden Säkularisierung der Gesellschaft verläuft die Zeit im Einerlei des grauen Alltags: es gibt keinen Unterschied mehr zwischen Sonntag und Werktag, die Festzeiten werden nicht mehr erlebt als Hilfe, der Zeit Konturen zu verleihen und sie so gleichsam durch Gestaltung in den Griff zu bekommen. Hier haben wir Benediktiner sicher ein Aufgabe für die Menschen in der Welt. Viele Besucher empfinden insbesondere den Rhythmus des Klosterlebens als eine Bereicherung. Dem dient sicher auch die Beobachtung der Fastenzeiten.

Regenwürmer.

560 Gr. feines Mehl werden auf dem Nudelbrett mit drei ganzen Eiern, einem Stückchen zerlassener Butter, etwas lauwarmer Milch und dem gehörigen Salz zu einem feinen, nicht zu festen Teig verarbeitet, schlägt denselben in ein reines Tuch und läßt ihn eine Stunde ruhen. Dann schneidet man kleine Stückchen heraus, dreht ganz dünne Würstchen (Würmer) davon und läßt sie eine halbe Stunde auf dem Nudelbrett trocknen. Unterdessen macht man in einem flachen Tiegel Milch mit einem Stückchen Butter kochend, gibt die sogenannten Würmer unter fortwährendem Rühren hinein und läßt sie kochen, bis keine Milch mehr darin ist. Dann läßt man in einem Tiegel Butter gelb werden, gibt gestoßenen Zucker nebst den Würmern hinein, läßt sie darin ruhig liegen, ohne sie umzuwenden, damit sie am Boden eine schöne gelbe Kruste bekommen. Dann werden sie mit dem Nudelschäufelchen auf eine flache Platte gelegt und mit Zucker und Zimmt bestreut und sogleich zu Tische gegeben.

Ersoffene Kapuziner.

Drei bis vier glatte alte Semmeln werden abgerieben, der Länge nach in vier Teile geschnitten, in kalte Milch getaucht und auf ein Teller gelegt; dann vier ganze Eier gut abgequirlt, die Semmeln darin umgekehrt, in heißem Schmalz lichtgelb gebacken und entfettet. Sie werden mit Zucker bestreut in einer tiefen Platte angerichtet, mit siedendem Weißwein, in welchem Zucker, Zimt und Sultaninen aufgekocht worden sind, übergossen und kurze Zeit ins Rohr gestellt, damit der Wein etwas einziehen kann.

Beide Rezepte aus: Neues Fastenkochbuch, um 1900
(siehe S. 102).

Kleines Küchen-Dictionaire für die alten Speisen und Zutaten

abgetrieben: abgerührt

Amuletpfanne: Pfanne mit mehreren Vertiefungen zum Herausbacken von „Amuletten"

Aneiß: Anis

Anquilotti: Anguilotti (ital.), kleine Aale, eingelegt

Assiette: Gericht auf einer Platte, auch: Angerichtetes, Gang

Bäuschel, Beischel oder Peischl: (österr.) Milch vom Karpfen (Milchner) und Rogen vom Karpfen und Fischen generell

Benadel: siehe Panadel

Boudin: budino (ital.), Pudding

Bouillon: Brühe von Suppenfleisch, -knochen und -gemüse

Borri: Lauch, Porree

Brockeln: Brokkoli

Bundsallat: Kopfsalat

Cappern: Kapern

Consommeé: Kraftbrühe. Fleisch-und Wurzelbrühe, 6–7 Stunden gekocht

Cellerey: Sellerie

Dartoffen, Artoffeln, Tartuffen, Triffel, Tartofeln: Trüffel

Dragun: Estragon

durchfähen: durchseien, durchstreichen

Eierhaber: Eierkuchen

Eingesottenes: Eingekochtes

Erbisbrühe, Erbswasser: Erbsenbrühe

Farce: feingehacktes Fleisch als Füllung

Fasch: Faschiertes (österr.), Farce

Faum: (österr.) Eischnee

Fond: meist aus Knochen mit Fleischresten hergestellter, dicker Saft

fricassiert: helles Fleisch, gehackt

gähe: gach (bayer.), heftig, kräftig

Garbür, Garbure: Nationalgericht aus der Gascongne, Suppe von Wurzelwerk und Gemüse, in der feineren Küche: Suppenbeigabe aus Gemüse

Germ: Hefe

geselchter Fisch: eingesalzener Räucherfisch

gewässerter Häring: in Wasser eingelegter, gesalzener Hering

Haschee, Haché, Hachis, Haßl: Speise aus gehacktem Fleisch oder Fisch

Hascheewandeln: Haschee in ausgezackten, runden oder ovalen Formen aus Blech herausgebacken

Hausen: Stör

Hausenblase: Gelatine-Vorgänger

Hetschebetsch: Hagebutten

Kahmel: Kamille oder Trüffelart

Kastrol: Kasserolle, Stieltopf

Krebsschweifel: Krebsschwänze

Ingber: Ingwer

Julienne: Gemüsestreifen als Suppeneinlage

Jus: Saft aus Fleisch oder Gemüse gezogen, d. h. scharf angebraten, mit Wein oder Wasser abgelöscht und reduziert

Karfiol: cavolfiore (ital.), Blumenkohl

Karbonade, Carbonade: handtellergroßes Fleischstück von Hammel, Schwein, Kalb; Schnitzel

Karpfenbrait: breites Karpfenfilet

Karpfenmilchner: Milchner des männlichen Karpfen

Kauli: Kohl, Blumenkohl

Kindskoch, aufgelauffenes: Auflauf von Kindsmus aus Mehl und Rahm

Kittenkoch, gesäumtes: Quittenauflauf

Kohlfeuer: Kohlenfeuer

Kreem: Crème (frz.), sämige Soße

Laperdon, Laberdan: Kabeljau

Laktizinien: Milchprodukte

laulicht: lauwarm

Lerchensalat: Salat von gekochtem Lerchenfleisch

Limonien: Lemonen

Limonienschäler: Schalen von Lemonen

Maaß: Hohlmaß: 1,075 Liter (Bayern 1774)

Maurachen, Mauracheln: Morcheln

Melaun: Melone

Meridon von Krebs: Krebsreis in eine Form gepresst und gestürzt

Milch vom Karpfen: Milchner vom männlichen Karpfen

Mundbrod: Semmel

Muscatenblumen, Muskatblüh: Muskatblüte oder Macis, getrocknete Fruchthülle der Muskatnuß

Ochsenaugen: Spiegeleier

Panade: Semmelbrösel, Mehl und Ei zum Herausbacken, Strecken oder Binden

Panadel: alte, geriebene Semmel, in Fleischbrühe gekocht, mit Eiern legiert

Pastinake: Pflanze mit gelben Blüten und aromatischer Wurzel

Perschling: Barsch

pfaizen; pfaizt: backen, rösten; bäckt, röstet

Pommeranzen: bitter Orangen; von pomme orange = goldschimmernder Apfel

Risolen: kleine Pasteten

Rogenkraut: Auflauf von Kraut mit Fischrogen

Rohrhühner: Brathühnchen

Sälbling: Seibling

Salben: Seiblinge

Salbey: Salbei

Schäler: Schalen (von Tieren)

Schatto, Schodoh: Chaudeaux, Wasserbad

Schiel, Schill: Schellfisch

Schüh: Jus, Saft aus Fleisch/Gemüse (wird scharf angebraten, abgelöscht und eingekocht)

Schunken: Schinken

Schweifel: Schwänze

Scorzone: Schwarzwurzel

Seiher: Sieb

Seitel, Seidel: 0,875 Liter (Bayern 1800)

Specereyen: Spezereien, Gewürze

Suppenhafen: Suppentopf

Vegetabilien: Gemüse

Vierting, Vierling: 140 Gramm (Bayern 1799)

weichgesotten: weichgekocht

Weidling: größeres Küchengefäß

Welschkohl: Wirsing

Wind, spanische: Süßspeise aus Eischnee

würflicht: in Würfel geschnitten, gewürfelt

Zimmet: Zimt

Rezeptverzeichnis

Bücher für Leib und Seele

ANSELM BILGRI / KLAUS WILHELM GÉRARD

Kochen für Leib & Seele
Das Kloster-Andechs Kochbuch

„Essen und Trinken hält Leib und Seele zusammen". Nirgends wird diese alte Weisheit deutlicher als im oberbayerischen Benediktiner-Kloster Andechs unweit des Starnberger Sees vor den Toren Münchens mit seiner herrlichen Rokoko-Kirche, seinem weltberühmten Bier und seiner zünftigen Küche. Daß die Unzertrennlichkeit von Leib und Seele einen guten Teil des unverwechselbaren bayerischen Lebensgefühls ausmacht, zeigen zwei Experten in diesem Buch an Hand zahlreicher religiöser wie kulinarischer Beispiele aus Küche und Brauchtum: Der Benediktiner und „Kellermeister" des Kloster Andechs Pater Anselm Bilgri, der als Mönch das rechte Maß des Genießens versteht, und Klaus Wilhelm Gérard, leidenschaftlicher Koch und Kursleiter gefragter Kochseminare in ganz Deutschland, der sein kulinarisches Leben freudig dem bayerisch-barocken Kirchenjahr anpaßt und gut damit fährt. „Kochen für Leib & Seele" ist ein praktisches Koch- und Lesebuch, das wie ein guter Freund zu den Geist- und Gaumenfreuden klösterlicher Gastfreundschaft einlädt.

20,5 x 25,5 cm, Geb., 160 Seiten, ISBN 3-929246-08-2

Sankt Ulrich Verlag

Anselm Bilgri / Peter K. Köhler / Birgit Adam

Geheimnisse der Klosterbrauerei
Bierige Koch- und Heilrezepte
aus dem Kloster Andechs

Zahlreiche Klöster haben sich bis heute als Zentren kultivierter Bierbrauerkunst erhalten. Zu den berühmtesten gehört das bayerische Benediktinerkloster Andechs. Pater Anselm Bilgri, Zellerar und Prior auf dem Heiligen Berg vor den Toren Münchens, präsentiert zusammen mit Birgit Adam und Peter Köhler Koch- und Heilrezepte rund um den schäumenden Gerstensaft. Alte Archive der Klosterbrauerei und moderne Heilmethoden belegen gleichermaßen die überraschende Vielseitigkeit des altbewährten Nahrungsmittels Bier für die Heilung von Krankheiten ebenso wie für die schmackhafte Zubereitung von Speisen.

20,5 x 25,5 cm, Geb., 176 Seiten, ISBN 3-929246-29-5

Sankt Ulrich Verlag

ANSELM BILGRI / KLAUS WILHELM GÉRARD

Das Kloster Andechs Restl-Kochbuch
**Nachhaltiges Kochen
in einer neuen Dimension**

„Was tun mit dem Rest vom guten Essen?" Das Andechser Restl-Kochbuch zeigt, wie aus Übriggebliebenem schmackhafte Schmankerl werden.
Nachhaltiges Kochen in einer neuen Dimension. Klaus-Wilhelm Gérard, Leiter vieler Kochseminare und Autor gastronomischer und gastrosophischer Artikel in der Fach- und Tagespresse, und Pater Anselm Bilgri,

Prior und Cellerar im weltberühmten Kloster Andechs, erschließen neu die Kunst, behutsam und genießerisch zugleich mit den Gaben Gottes umzugehen. Kapitel wie „Vom heiligen Rest" und „Ratschläge an den Restlkochanwärter" machen dieses Buch darüber hinaus zu einem geistlich-sinnlichen Erlebnis.

20,5 x 25,5 cm, Geb., 176 Seiten, ISBN 3-929246-47-3

Sankt Ulrich Verlag

ANSELM BILGRI / BIRGIT ADAM

Das Kloster Andechs Kräuterbuch
Wie Mönche würzen und heilen

Kräuter würzen und verfeinern jedes Essen, Kräuter sind gesund und heilen Krankheiten.

Seit Jahrhunderten kultivieren Klöster die Geheimnisse der Kräuter, schöpfen aus der Kraft uralter Überlieferung und dem Garten Gottes. Sie nutzen Kräuter nicht nur als eine Quelle der Würze und des Geschmacks, sondern auch der Gesundheit und des Wohlbefindens. Vieles davon ist heute in Vergessenheit geraten. Wie werden Kräuter gesammelt, angebaut, konserviert und eingesetzt? Welche Wirkstoffe enthalten sie, welche Rezepte mit Kräutern gibt es? Wie werden Kräuter-Brotaufstriche, Liebstöckelsuppe und Löwenzahnsalat, Kalbsschnitzel in Kräutersoße und Kräutereierkäse, Hollerkücherl und Rhabarber-Sorbet zubereitet?

„Das Kloster Andechs Kräuterbuch" öffnet den Erfahrungsschatz jahrhundertealter Kräutertraditionen neu.

20,5 x 25,5 cm, Geb., 176 Seiten, ISBN 3-929246-58-9

SIGRID-MARIA GRÖSSING

Die Heilkunst der Philippine Welser
Außenseiterin im Hause Habsburg

In Leder gebunden liegt auf Schloß Ambras in Tirol ein Kleinod der Medizingeschichte: das Rezeptbuch der Philippine Welser (1527–1580). Es enthält das heilkundliche Wissen einer Frau, die seit ihrer Jugend Kräuter gesammelt, Rezepte studiert und Kranke geheilt hat. Die Autorin war nicht irgendeine Frau. Sie stammte aus dem Augsburger Kaufmannsgeschlecht der Welser, das an Reichtum dem der Fugger durchaus ebenbürtig war. Im Alter von 29 Jahren lernte die blonde Patrizierin in Bresnitz (Böhmen) den Sohn König Ferdinands, des späteren Kaisers kennen. Aus der Romanze der beiden wurde eine Liebe, die trotz Eheschluß lange Zeit geheim bleiben mußte, da auch eine Welser für einen kaiserlichen Schwiegervater bloß eine Bürgerliche war. So war es eine dramatische Zeit, die die Liebe der beiden auf so manche Probe stellte, bis mit der Herrschaft über Tirol ein neues Leben für das Paar begann.

Die Historikerin und Germanistin Sigrid-Maria Größing läßt das Leben der schönen Welserin wie einen großartigen Film mit rauschhaftem Höhepunkt vorüberziehen. Die von ihr vor dem Hintergrund medizinischer und volkskundlicher Aspekte erschlossenen Rezepte geben einen unmittelbaren Einblick in das Lebensgefühl jener Zeit.

20,5 x 25,5 cm, Geb., 160 Seiten, ISBN 3-929246-28-7

Sankt Ulrich Verlag